Georgine Müller, Alfons Schweiggert, Hermann Wirth

Spaß mit Deutsch

Lesen, Rechtschreiben, Sprachbetrachtung, Sprachgebrauch

Kopiervorlagen und Arbeitsblätter für die Jahrgangsstufen 5 und 6

Auer Verlag GmbH

Gedruckt auf umweltbewusst gefertigtem, chlorfrei gebleichtem
und alterungsbeständigem Papier.

2. Auflage. 1999
Nach der Neuregelung der deutschen Rechtschreibung

Zeichnungen: Alfons Schweiggert
Gesamtherstellung: Ludwig Auer GmbH, Donauwörth
ISBN 3-403-0**2464**-4

Inhalt

Vorwort

„Spaß mit Deutsch“ ist für einen motivierenden und abwechslungsreichen Deutschunterricht und für Vertretungsstunden in den Jahrgangsstufen 5 und 6 geeignet. Die Arbeitshilfen sind so konzipiert, dass sie dem Lehrer eine möglichst umfassende Freiheit belassen. So sind auch die Schwerpunkte des didaktischen Einsatzes im Wesentlichen nicht vorgeschrieben.
Die angebotenen Arbeitsblätter und Folien sind so gestaltet, dass sie eine selbstständige Erarbeitung durch die Schüler zulassen und im Anschluss eine rasche Kontrolle ermöglichen. Zu diesem Zweck sind am Ende die Lösungen für die Arbeitsblätter angefügt.
Die Übungen beziehen sich auf die vier Hauptbereiche des Faches Deutsch: Lesen, Rechtschreiben, Sprachbetrachtung und Sprachgebrauch. Dabei sind auf einigen Blättern mehrere Bereiche gleichzeitig berücksichtigt. Die inhaltliche Gestaltung entspricht den Lernzielen der amtlichen Lehrpläne. „Spaß mit Deutsch“ lässt sich im Unterricht u. a. zur Vertiefung einsetzen.
Üblicherweise fehlt einem Lehrer, der Vertretungsstunden zu übernehmen hat, die Zeit zur Vorbereitung. Er kann sich deshalb auch meist nicht mehr ausreichend über den Leistungsstand der Klasse informieren. Zudem bereitet ihm der Unterricht in einer fremden Klasse zusätzliche Schwierigkeiten. Gleichwohl wird von ihm aber gefordert, dass er die Kinder zur Arbeit motiviert und ihnen lustbetonte, anregende Aufgaben anbietet. Das vorliegende Arbeitsmaterial ist schnell und ohne intensive Vorbereitung verwendbar und ist daher hervorragend für Vertretungsstunden geeignet.
Wir wünschen, dass dieses Heft vielen Lehrkräften Hilfe, Anregung und Ansporn für erfolgreiche und lebendige Unterrichtsstunden bietet.

Georgine Müller, Alfons Schweiggert, Hermann Wirth

Lesen

Spaß mit Buchstaben, Wörtern, Satzzeichen und Zahlen

1. Kennst du: ottos mops?

ottos mops
ottos mops trotzt
otto: fort mops fort
ottos mops hopst fort
otto: soso

otto holt koks
otto holt obst
otto horcht
otto: mops mops
otto hofft

ottos mops klopft
otto: komm mops komm
ottos mops kommt
ottos mops kotzt
otto: ogottogott

Ernst Jandl

2. Kennst du: das große e?

gegen sechs gehen mehrere mehreren entgegen
gegen zehn stehen mehrere neben mehreren
gegen elf sehen mehrere mehrere stehen…

Ernst Jandl

3. Das kannst du auch. Schreibe einen Satz! Vielleicht findest du auch einen Zweizeiler!

- Huberts Hund brummt
- Annas Katz' kratzt
- Irmis Iltis frisst
- Elkes Henne legt …

4. Schreibe einen Satz oder eine Geschichte!

Die meisten Kinder hüpften vor Vergnügen.
Ihre Augen wurden immer größer,
als der Nikolaus mit seinem langen

hereinkam.

Als er seinen schweren Sack umdrehte
purzelten Nüsse, Äpfel und Lebkuchen heraus.
– Die ersten Sonnenstrahlen
durch die grauen Wolken
– Die Kinder stellten sich paarweise im Kreis auf.

5. Aus Haus wird Kind

Aus einem Wort mit vier Buchstaben versucht jeder Spieler durch Austauschen von nur einem Buchstaben neue Wörter zu bilden. Gewonnen hat, wer die längste Kette gebildet hat.

Haus – Hals – Hans – Hand – Wand – Wind – Kind
Wurm – warm – Harm – hart – Hirt

Lesen

Reeee^geeeeen
s
c
h
i
r
m

B
U
S
E
N

e
e
e
e
e
e
ZIGARETT

////////////// Z
Schaut her, ich tur-
ne euch die Übung vor!

AAAAAAAAAAA B
Den lassen wir
nicht mitspielen!

ra uf en

888 9
So gib doch acht!

k e e e e ln
e g e e e

S
s T s
t T t
S T E R N
n r R r n
N

;;;;;;;;;;;;;;; i
;;;;;;;;;;;;;;;
Bleibt schön in der
Reihe, Kinder!

B oooooooooooo gen

kü ß en

S
T
UHL
H L

6 9
So lange auf dem
Kopf stehen ist
ungesund!

VVVVVVVVVVVVV ögel

letzte r

Alfons Schweiggert

1. Schau dir die Wörter „kegeln" und „raufen" an. Versuche selbst einmal, die Wörter *„rollen"* und *„fallen"* so zu schreiben, dass der Sinn dieser Wörter aus der Anordnung der Buchstaben erkennbar ist!

2. Die Wörter „Stuhl" und „Stern" sollen dich anregen, Ähnliches mit den Wörtern *„Giraffe"* und *„Tisch"* zu probieren.

3. Betrachte die Buchstabenbilder zu den Sätzen „Den lassen wir nicht mitspielen!" und „Schaut her, ich turne euch die Übung vor!"
Versuche nun selbst mit Buchstaben folgende Sätze zu bebildern:
„Schau hin, der ist ganz schön dick!"
„Toll, wie lange du auf dem Kopf steh'n kannst!"

4. Auch mit Satzzeichen lassen sich kleine Geschichten bebildern, wie dir der Satz „Bleibt schön in der Reihe, Kinder!" zeigt. Gestalte folgende Sätze:
„Alle mal herhören! Wer hat noch Fragen?"
„Alle haben schon eine Freundin! Nur ich bin noch allein!"

5. Und nun versuche mal Zahlenbilder. Zwei Beispiele findest du oben:
„So gib doch Acht!" – „So lange auf dem Kopf stehen ist ungesund!"
Hier deine Sätze: „Ich will ganz offen zu euch sein!"
„Mir ist unendlich langweilig!"

Lesen

Spiel mit!

Spielen mit Buchstaben

Regel: Notiere alle Wörter, die du aus den Buchstaben neu zusammenbauen kannst!

Das Blumenspiel
z. B.: M-A-E-R-Z-E-N-B-E-C-H-E-R
er, Bach, März, Becher, Rache, Zar, zahm, Bär, Beere, erben, machen, ...
S-C-H-L-Ü-S-S-E-L-B-L-U-M-E
...

Das Berufespiel
z. B.: K-A-M-I-N-K-E-H-R-E-R
...

Regel: Ein Städtename ist waagerecht bereits vorgegeben. Ergänze senkrecht dazu mit anderen Städtenamen! Die vorgegebenen Buchstaben müssen enthalten sein.

Das Städtespiel

		E		M
		S		U
	B	S	U	E
K	O	E	L	N
I	N	N	M	S
E	N			T
W				E
				R

R	O	M

Spielen mit Wörtern

Regel: Der letzte Buchstabe ist der Anfangsbuchstabe des neuen Begriffs!

Das Tierspiel
z. B.: ENTEEBERRATTEELEFANTTIGERREHHASEERPELLÖWEEICHELHÄHER ...

Das Pflanzenspiel
Schwarzwurzel...
Regel: Das Grundwort wird zum Bestimmungswort!
Haustier ↘ ↗ Geschichtsbuch ↘ ↗ Seitenwind ↘ ↗ Radfahrer ↘ ↗ Bahnhof ↘
Tiergeschichte Buchseite Windrad Fahrbahn ...

Spielen mit Begriffen

Regel: Finde viele Begriffe, die folgende Eigenschaften haben!

Es ist rund und blau!
Alle diese Spiele kannst du allein, mit deinem Partner oder im Klassenverband spielen.
Natürlich können diese Spiele auch als Wettbewerbe ausgetragen werden!

Lesen

Der zündende Fackelzug

In der Stadt Mainz lebte etwa um 1450 ein Mann namens Johannes Gensfleisch, der nach dem Hof, in dem er 1399 auf die Welt kam, Gutenberg genannt wurde. Er entstammte einem vornehmen und reichen Bürgerhaus, aber der Vater hatte bei einem Aufstand in der Stadt sein gesamtes Vermögen verloren. Auch sein Sohn war daraufhin verarmt und musste hart arbeiten, um für seine Frau und sich das tägliche Brot zu verdienen.

Als Goldschmied schliff Gutenberg auch Kristallspiegel und Edelsteine, außerdem beherrschte er als Stempelschneider die Kunst des Holzschnitts. Er schnitt schöne Zeichnungen in Holzplatten und färbte dann diese Bildstöcke mit Druckerschwärze ein. So konnte er von einem Motiv mehrere Papierabzüge herstellen und preiswert verkaufen. Diese Drucke waren nämlich billiger als die von Hand gezeichneten Einzelbilder. Zudem konnte man mehrere dieser Blätter zu einem Buch binden lassen. Die meisten anderen Bücher wurden immer noch von Hand mit Feder und Tinte auf Papier oder Pergament geschrieben.

Bei seiner Arbeit träumte Gutenberg oft davon, wie schön es wäre, wenn man die Texte eines Buches nicht Seite um Seite in Holz schneiden müsste, sondern irgendwie rascher drucken könnte. Denn ein Buch, zu dem jedes der Blätter in Holz geschnitten werden musste, benötigte bis zur Fertigstellung meist viele Jahre, wenn nicht gar Jahrzehnte.

Eines Nachts, so erzählt man sich, fand auf der Straße ein Fest statt. Gutenberg sah aus dem Fenster seiner Wohnung. Gerade kam ein Fackelzug mit Kindern daher. Jede der Fackeln stellte einen Buchstaben des Alphabets von A bis Z dar und loderte brennend in der Dunkelheit. Manche Buchstaben waren auch mehrmals vertreten. Die Kinder stellten sich in einer Reihe auf. Dann traten zwölf von ihnen hervor formierten sich und plötzlich erschienen die brennenden Buchstaben „Lobe den Herrn!“ Die Kinder blieben eine Weile stehen und begaben sich dann in ihre Reihe zurück. Nun traten 18 andere heraus und stellten sich so nebeneinander, dass der Satz: „Heil dem Kurfürsten!“ zu lesen war.

Im selben Augenblick entzündete der Fackelzug in Gutenbergs Kopf eine weltbewegende Idee. Er nahm sich vor, gleich morgen eine Menge Einzelbuchstaben des Alphabets aus Blei zu gießen. Sie könnten dann in einer Art Setzkasten oder Druckrahmen rasch zu einer Textseite zusammengestellt und gedruckt werden. Wäre diese eine Seite oft genug gedruckt, könnte man die Buchstaben wieder herausnehmen und für die Wörter der nächsten Seite verwenden. Das ließe sich dann so machen, bis alle Seiten eines Buches fertig gestellt wären. Und das würde sicher in einem Bruchteil der bisher benötigten Zeit vor sich gehen.

Gutenberg hatte an diesem Abend den Buchdruck mit beweglichen, auswechselbaren Lettern erfunden und damit auch den Zeitungsdruck. Schon fünf Jahre später, 1455, druckte er auf diese Weise seine inzwischen hochberühmte lateinische Gutenberg-Bibel.

Leider wurde er mit dieser Erfindung nicht reich. Es gab damals noch kein Patentamt, das seinen Einfall geschützt hätte. Als andere Drucker von dieser Idee hörten, bedienten sie sich ihrer sofort und begannen, nach der neuen Methode Bücher zu drucken. Gutenberg blieb weiterhin unvermögend und starb einsam und, wie es heißt, erblindet im Jahre 1468 im Alter von fast siebzig Jahren.

Sein Name aber ist bis heute berühmt geblieben. Er gehört zu den wenigen bedeutenden Menschen, die wahrscheinlich niemals vergessen werden, solange die Welt besteht. Seine Nachfolger aber, die Buch- und Zeitungsdrucker, nennt man bis auf den heutigen Tag „die Jünger Gutenbergs“.

Alfons Schweiggert

Johannes Gutenberg, der Vater des Buches

Lesen

Du hast die Geschichte von dem genialen Johannes Gutenberg gelesen. Hätte er seine Erfindung nicht gemacht, gäbe es heute vielleicht noch immer keine Bücher. Ihm zu Ehren starten wir jetzt gleich ein Quiz mit 13 Fragen. Der Text der Geschichte hilft dir bei der Beantwortung. Du brauchst nur genau nachzulesen. Schreibe die Antworten auf den Block. Auf geht's!

1. In welchem Jahr wurde die Gutenberg-Bibel als eines der ersten Bücher gedruckt?
2. In welcher Stadt wurde der Buchdruck erfunden?
3. Welche zwei Berufe hatte Johannes Gutenberg?
4. Wie wurden eigentlich Bücher vor Erfindung des Buchdrucks hergestellt?
5. Bei welchem fröhlichen Ereignis hatte Gutenberg die Idee vom Buchdruck mit beweglichen Buchstaben?
6. Welche zwei Sätze „schrieben" die Kinder mit Feuer in die Nacht?
7. Wie lange benötigte man vor Gutenbergs Erfindung, bis ein einziges Buch fertig gestellt war?
8. Welchen Ehrennamen haben die heutigen Buch- und Zeitungsdrucker noch immer?
9. Warum wurde Gutenberg durch seine sensationelle Erfindung dennoch nicht reich?

Und nun noch etwas zum Schätzen!

10. Schätze, wie groß das kleinste Buch der Welt ist? Vermute, was darin steht!
11. Schätze, wie groß das größte Buch der Welt ist! Wie viel wiegt es nach deiner Vermutung?
12. Welches ist das dickste Buch der Welt? Was kann man darin lesen?

Haben Bücher auch Feinde?

Wenn du glaubst, dass das nicht der Fall ist, so irrst du dich gewaltig. Natürlich haben die Bücher Feinde und zwar ziemlich viele. Zunächst ist da einmal die Feuchtigkeit. Sie lässt das Papier aufquellen und stockig werden. Aber auch grelles Sonnenlicht ist nichts für Bücher, denn dadurch bleichen die kräftigen Farben aus und das Papier vergilbt.

Außerdem existiert ein großes Heer von lebenden Schädlingen, die ebenfalls ganze Buchbestände zerstören können. Zu diesen Feinden gehören vor allem Insekten wie der Bücherwurm – ja, den gibt es tatsächlich –, der Bücherskorpion, der Brotkäfer, die Totenuhr und der Trotzkopf. Aber auch Mäuse und Ratten beschäftigen sich gerne mit Büchern, ebenso wie der Schimmelpilz.

Der übelste Feind des Buches ist aber ein Zweibeiner, nämlich der Mensch selbst. Er beschädigt beim raschen Herausnehmen aus dem Regal die Einbände, fasst sie mit schmutzigen, fettigen Fingern an, biegt beim Aufschlagen grob den Buchfalz nach hinten, so dass die Blätter lose werden, zerreißt beim Umblättern die Seiten, kritzelt oft sinnlos am Buchrand herum, legt ungeeignete Lesezeichen ein, beispielsweise einen Bleistift, einen Radiergummi oder fettiges Pausenbrotpapier oder macht sogar hemmungslos Eselsohren in die Seiten. Manchmal liegt auch tagelang ein Buch geöffnet auf seinem Gesicht. Der Mensch transportiert Bücher nicht selten in engen Taschen, wobei die Schutzumschläge leicht einreißen und die Einbände Knickstellen bekommen. Er benutzt nicht selten Bücher sogar als Unterlage für schief stehende Tische, wirft sie auch mal in die Ecke. Und nach einiger Zeit landen sie oft gnadenlos im Altpapier.

Feuer kann ganze Bibliotheken in kürzester Zeit völlig zerstören und wertvolle Bücher sind dann für immer verloren. Manchmal werden Bücher sogar absichtlich verbrannt. Hitler ordnete das im Dritten Reich an, weil ihm die Inhalte vieler Bücher nicht passten. Damals sagten die Leute, die das mitansehen mussten: „Erst brennen die Bücher, dann die Menschen."

Bücher haben aber auch viele Freunde. Notiere einmal, wie die mit Büchern umgehen!

Lesen

Lesen

Heiße Bücher für Lesefreaks

1. Auf der nebenstehenden Bildseite sind die Helden von 21 spannenden Büchern zu sehen, von denen du sicher einige kennst. Im folgenden Abschnitt findest du die Titel durcheinander gewürfelt. Schreibe unter die jeweils passende Szene oder Figur auf dem Bild die richtige Nummer!

   (1) Dr. Doolittle und seine Tiere (2) Die unendliche Geschichte (3) Der Seewolf (4) Der letzte Mohikaner (5) Winnetou und Old Shatterhand (6) Peter Pan (7) Emil und die Detektive (8) Tarzan (9) Der Herr der Ringe (10) Superman (11) Pünktchen und Anton (12) Fury (13) Tom Sawyer und Huckleberry Finn (14) Sherlock Holmes und Dr. Watson (15) Die Möwe Jonathan (16) Die Abenteuer des starken Wanja (17) Prinz Eisenherz (18) Karlsson vom Dach (19) Lederstrumpf (20) E. T. Der Außerirdische (21) Tschitti-tschitti-bäng-bäng

2. Kennst du auch die Verfasser dieser berühmten Bücher? Im folgenden Abschnitt stehen sie durcheinander. Schreibe vor jeden Namen in den Kreis die Ziffer der Szene oder Figur, von der du glaubst, dass sie dieser Autor erfunden hat! Zwei Kreise bedeuten zwei Bücher.

   ◯ Jan Fleming ◯ Astrid Lindgren ◯ James Matthew Barrie ◯ Joe Shuster und Jerry Siegel ◯ Richard Bach ◯ Michael Ende ◯ Edgar Rice Burroughs ◯ Hugh Lofting ◯ Mark Twain ◯ Harold Foster ◯ Karl May ◯◯ J. F. Cooper ◯ William Kotzwinkle ◯ Albert G. Miller ◯ Otfried Preußler ◯◯ Erich Kästner ◯ J. R. R. Tolkien ◯ A. C. Doyle ◯ Jack London

3. In deiner Bücherei stehen vielleicht andere Lieblingsbücher. Schreibe die Titel und Verfassernamen auf den Block. Vergleiche mit deinem Nachbarn! Welche Bücher wünschst du dir schon lange? Notiere sie. Vielleicht bekommst du sie zu deinem nächsten Geburtstag oder zu einem besonderen Fest.

4. Nun kannst du auf nebenstehendem Bild alle Figuren bunt ausmalen, die dich interessieren. Zeichnest du sie selbst auf einem Extrablatt, ist das natürlich noch toller. Du kannst auch die Lieblingsfiguren aus deinen Büchern malen.

5. Hättest du nicht Lust, selbst einmal ein spannendes Buch zu schreiben? Welchen Titel würdest du ihm geben? Zeichne den Helden deiner Geschichte. Schreibe kurz auf, worum es in deiner Geschichte geht.

Lesen

Ein Buch entsteht

Es sind viele Menschen nötig, damit ein Buch entstehen kann. Am Anfang steht immer ein Schriftsteller, der eine Idee hat. Der Schriftsteller wird auch Autor genannt. Es handelt sich dabei um eine Frau oder um einen Mann. Der Autor schreibt das Buch. Das dauert oft lange Zeit. Das, was er geschrieben hat, ist sein Manuskript. Ist es fertig, bringt er es in einen Verlag oder schickt es mit der Post dorthin.
Der Verlag ist ein Haus mit vielen Mitarbeitern. In ihm wird das Buch hergestellt. Aber nicht jedes Manuskript gefällt. Deshalb sieht sich als Erster ein Lektor das Geschriebene an.
Der Lektor ist nichts anderes als der erste Leser. Er liest das Manuskript aber besonders genau. Wenn ihm die Geschichte gefällt, geht er damit zum Besitzer des Verlages, zum Verleger, und teilt ihm das mit.
Der Verleger entscheidet, ob aus dem Manuskript ein Buch werden kann. Er nimmt die Geschichte an oder lässt sie dem Autor zurückschicken. Soll das Buch bebildert werden, ruft er einen Illustrator an.
Der Illustrator zeichnet Bilder zum Text des Buches. Er gestaltet auch den Umschlag.
Inzwischen sieht sich der Hersteller im Verlag das Manuskript an.
Der Hersteller bestimmt den Umfang des Buches, die Art der Schrift und wie das ganze Buch am Ende aussehen soll. Er achtet darauf, dass es nicht zu teuer wird, sonst kann es sich später der Käufer nicht mehr leisten.
Nun wird der Text der Geschichte in einer schönen Schrift gesetzt. Das macht der Schriftsetzer mit seiner Setzmaschine oder mit dem Computer. Jetzt kann die Geschichte auch vervielfältigt werden.
Das erledigt der Drucker in seiner Druckerei. Er druckt den Text auf viele große Blätter. Weil ihm und dem Schriftsetzer dabei oft Fehler unterlaufen, muss das Gedruckte genau korrigiert werden.
Das besorgt ein Korrektor. Auch der Autor darf seine Geschichte zum letzten Mal durchsehen. Alle Fehler werden nun in der Druckerei sauber verbessert.
Anschließend kommen die bedruckten Bögen in die Buchbinderei. Der Buchbinder schneidet sie auf Buchseitengröße zurecht. Dann bindet er die Seiten am Buchrücken zusammen und befestigt sie am Buchumschlag.
Nun ist das Buch fertig. Es wird natürlich nicht nur ein Buch gedruckt, sondern 2 000, 5 000 oder 10 000 und mehr warten jetzt auf neugierige Leser. Wie viele Bücher gedruckt werden, das entscheidet der Verleger, denn er möchte alle verkaufen.
Jetzt müssen die Werbeleute mit Prospekten und Plakaten das Buch anpreisen, damit die Leute darauf aufmerksam werden. Sie bieten das Buch überall an.
Die vielen Bücher aber kommen aus der Druckerei in das Lagerhaus des Verlages. Der Lagerchef stapelt dort die Bücher und liefert sie mit Lastwagen aus, wenn sie jemand bestellt. Zumeist tun das die Buchhändler. Sie bestellen mehrere Bücher und stellen sie im Schaufenster oder in den Regalen aus. Jeder, auch du, kann jetzt in der Buchhandlung ein Buch aussuchen, das ihm gefällt. Der Buchhändler verkauft es ihm gern. Mit dem Geld werden alle bezahlt, die daran mitgearbeitet haben, dass dieses Buch entstanden ist.

Alfons Schweiggert

Lesen

1. Schreibe die 12 wichtigsten Leute auf, die bei der Entstehung eines Buches beteiligt sind!

2. Wenn ein Buch 24,– DM kostet, wie viel verdient dann jeder dieser Mitarbeiter ungefähr, wenn ein einziges Buch verkauft wird?

3. Nehmen wir an, ein Arbeiter verdient im Jahr etwa 30 000,– DM. Wie viele Bücher müsste ein Autor verkaufen, damit er mit seinem Buch, das 24,– DM kostet, ebenso viel verdient?

4. Schätze, wie viele Verlage es in Deutschland gibt:
   ☐ 500 | ☐ 1 000 | ☐ 1 500 | ☐ 2 000 | ☐ mehr als 2 000
   Schätze, wie viele neue Bücher jährlich in Deutschland erscheinen!
   ☐ 1 000 | ☐ 10 000 | ☐ 25 000 | ☐ 50 000 | ☐ mehr als 70 000

5. Schätze, wie viele Buchhandlungen es in Deutschland gibt, in denen du ein Buch kaufen kannst:
   ☐ 500 | ☐ 1 000 | ☐ 2 000 | ☐ 3 000 | ☐ 3 500 | ☐ mehr als 3 500

6. Welche deutsche Stadt ist nach New York die zweitgrößte Verlagsstadt der Welt?
   ☐ Hamburg | ☐ Berlin | ☐ Bonn | ☐ München | ☐ Frankfurt

7. Schneide die Satzkärtchen auf Seite 14 aus und ordne sie in der Reihenfolge, in der ein Buch entsteht! Du kannst sie vorher auch in der richtigen Reihenfolge nummerieren. Lies dazu in der Geschichte nach!

8. Nun nummeriere die Bildkärtchen auf Seite 15! Schneide sie aus und ordne sie den Satzkärtchen zu!

9. Klebe nun die Bild- und Satzkärtchen in dein Deutschheft und finde für deine Geschichte eine passende Überschrift! Male die Bilder an!

Lesen

Der Lektor liest das Manuskript.	Der Schriftsetzer setzt mit der Setzmaschine den Text.	Der Lagerchef lagert die Bücher und liefert sie aus.
Der Korrektor korrigiert die Fehler.	Der Schriftsteller schreibt das Manuskript für das Buch.	Die Werbeleute bieten das Buch an.
Die Buchhändler bestellen die Bücher. Sie stellen sie aus und verkaufen sie. Ich kaufe mir ein Buch.	Der Hersteller bestimmt ● den Buchumfang, ● die Schriftart ● und mit dem Umbruch das Aussehen des Buches.	Der Buchbinder bindet das Buch und befestigt den Buchumschlag.
Der Drucker druckt den Text und die Bilder.	Der Illustrator zeichnet Bilder zum Text des Buches.	Der Verleger nimmt es an oder lehnt es ab.

Lesen

Bildkärtchen zum Ausschneiden:

Lesen

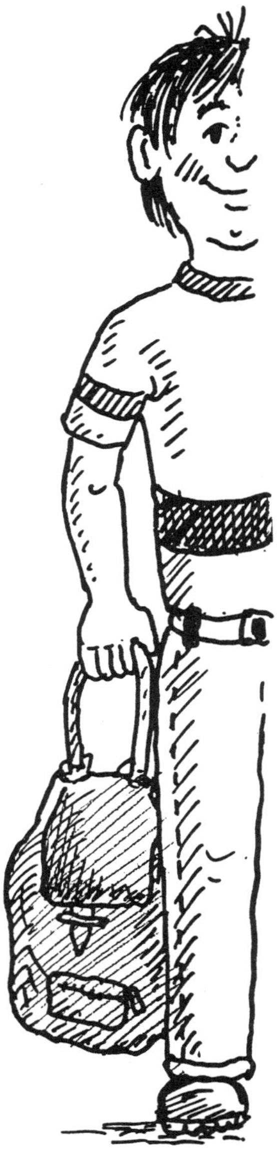

Der Schülehrer

Es gibt Schüler. Es gibt Lehrer. Es gibt Schülehrer.
Der Schülehrer ist eine Mischung von Schüler und Lehrer.
Der Schülehrer ist Schüler und Lehrer in einer Person.
Jeder Schüler hat den Lehrer in sich pensioniert und ist Nur-Schüler.
Jeder Lehrer hat den Schüler aus sich schulentlassen und ist Nur-Lehrer.
Schüler und Lehrer sind nur halbe Menschen. Nur der Schülehrer ist ein ganzer Mensch.

Der Schülehrer braucht keinen Lehrer und keinen Schüler mehr.
Er ist beides selbst. Er ist Lehrer und Schüler in einer Person.
Es gibt Grundschülehrer, Hauptschülehrer, Realschülehrer, Ober- oder Gymnasialschülehrer, Sonderschülehrer, Handels- und Berufsschülehrer.
Wären alle Schüler und Lehrer Schülehrer, gäbe es keinen Lehrermangel mehr.
Der Schülehrer macht alle Lehrer und Schüler überflüssig.
Der Schülehrer ist unwissend und unterrichtet sich.
Der Schülehrer ist ungezogen und erzieht sich.
Der Schülehrer wird geprüft und benotet sich.
Der Schülehrer treibt Unfug und bestraft sich.
Der Schülehrer schwänzt die Schule und lässt sich nachsitzen.
Der Schülehrer schreit sich an und schämt sich.
Der Schülehrer bestellt seine Eltern in die Schule, spricht mit ihnen ein ernstes Wort über sich und wünscht sich dafür die Pest an den Hals.
Der Schülehrer schickt sich blaue Briefe nach Hause und lässt sie heimlich verschwinden.
Der Schülehrer lässt sich sitzen bleiben und bleibt sitzen oder lässt das Sitzenbleiben bleiben.
Der Schülehrer befördert sich aus der Schule und lässt sich befördern.
Der Schülehrer hat zwiespältige Gefühle. Er liebhasst sich als Schüler und hassliebt sich als Lehrer.
Der Schülehrer faulenzt und leistet viel.
Der Schülehrer hat zwar wenig Taschengeld, aber dafür ein gutes Monatseinkommen.

Dem Schülehrer gehört die Zukunft!
Nieder mit dem Schüler!
Nieder mit dem Schullehrer!
Es lebe der Schülehrer!

Alfons Schweiggert

1. Du findest etwa 13 Dinge, die üblicherweise nur auf einen Lehrer zutreffen und 13 Dinge, die zu einem Schüler passen. Schreibe sie zum Vergleich nebeneinander auf den Block, z. B. so:

Der Schüler	Der Lehrer
... ist unwissend	... unterrichtet
... wird geprüft	... benotet
...	...

2. Welche neuen Beispiele fallen dir noch ein, die auf einen „Schülehrer" zutreffen könnten? Notiere sie in der Tabelle!

3. In welchen Bereichen bist du in deiner Klasse schon ein „Schülehrer"? Unterstreiche rot oder schreibe sie auf!

4. Schreibe eine ähnliche kurze Geschichte zu einem der folgenden Themen:
Die Kindeltern – Der Politibürger – Der Polizeinbrecher

Rechtschreiben

Wer ist hier der Außenseiter?

In jeder Reihe passt ein Wort nicht dazu. Es unterscheidet sich durch seine Schreibweise von den anderen. Unterstreiche dieses Wort und schreibe das gemeinsame Kennzeichen der übrigen Wörter in das Kästchen hinter jeder Reihe!

1. Heuschrecken, Nadelbäume, Augenzeugenberichte, Scheusal, Meuterer
2. Pfefferminz, Heizkörper, Wurzel, Schmutz, Schnauzer
3. Bibliothek, Thema, Tischtennis, Panther, Thermometer

4. Steinmetz, Pfütze, Scherz, Witzblatt, Katzenauge
5. Schöpflöffel, Treppenhaus, Steinpflaster, Pfirsich, Eckpfeiler
6. Blumenstrauß, Trinkwasser, Lößboden, Fußbank, Hauptstraße
7. Zeichenlehrer, Gebührenordnung, Mahlzeit, Zahlenraum, Familienname
8. Mengenlehre, Pfingstrose, Hängematte, Eiweißmangel, Fahrradlenker
9. Schmuckkasten, Lackfarbe, Gedanke, Würfelzucker, Hackfleisch
10. Hühnerstall, Wellenreiter, Telefonkabel, Zwillinge, Kellertreppe
11. Lotterie, Ratespiel, Wurstplatte, Schlittenfahrt, Wetteifer
12. Korkenzieher, Krankheit, Holzplanke, Türklinke, Eisenbahnschranke
13. Käseaufschnitt, Getreideähre, Filmende, Sägewerk, Vogelkäfig
14. Maiskolben, Reibeisen, Vollwaise, Brotlaib, Hammerhai
15. Himbeere, Speerwurf, Kehrbesen, Seefahrt, Leergut
16. Flüssigkeit, Wasserrohre, Hosenträger, Kassenschrank, Ohrensessel
17. Reisebüro, Bremsgummi, Ladenpreis, Körpergröße, Nebengleis
18. Medizinball, Terminkalender, Kamintür, Umkleidekabine, Gesichtsmiene
19. Laubhaufen, Traumhaus, Rhabarber, Schaumkrone, Heizungsraum
20. Bootsverleih, Moospolster, Zooeingang, Rotwein, Moorpflanzen
21. knabbern, Ebene, Ebbe, kribbeln, Robbe, krabbeln
22. Eidechse, sechzehn, Wachs, Büchse, Abwechslung
23. Sehnerv, aktiv, Sofa, vielfältig, Pulver, vielleicht
24. hoffentlich, wesentlich, ordentlich, jugendlich
25. Verwandte, gewandt, Gewand, Gewandtheit
26. Knirps, Schlips, Gips, Krebs, Schnaps
27. Todfeind, tödlich, totlachen, todmüde, todkrank
28. Ende, entdecken, entgleisen, entkommen
29. Gaststätte, stattfinden, städtisch, anstatt, Werkstatt
30. zeitig, geistlich, verständig, gütig, geschäftig

Rechtschreiben

Ein Blumenwörterstrauß für dich –

Hier kann man sich nicht auf das Gehör verlassen!
Wer findet die meisten Wörter?

Rechtschreiben

Bilderrätsel am laufenden Band

Schaue die Bilder genau an! Die Namen dieser Bilder werden durch andere Buchstaben oder Zahlen ausgetauscht oder ergänzt.
Schreibe die Lösungen unter die Bilder!

1.
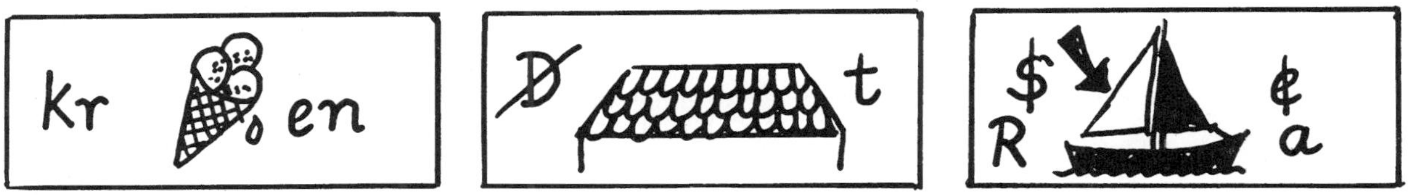

2.

3.
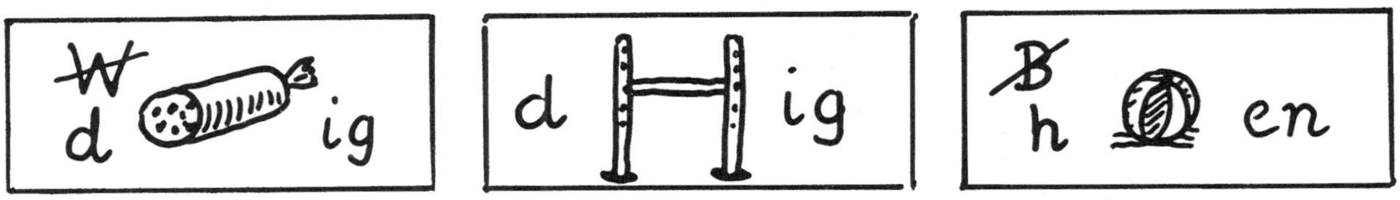

4.

5.

6.
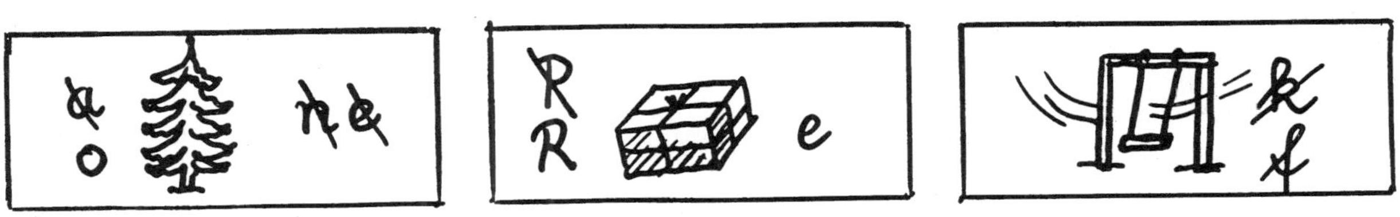

Rechtschreiben

7.

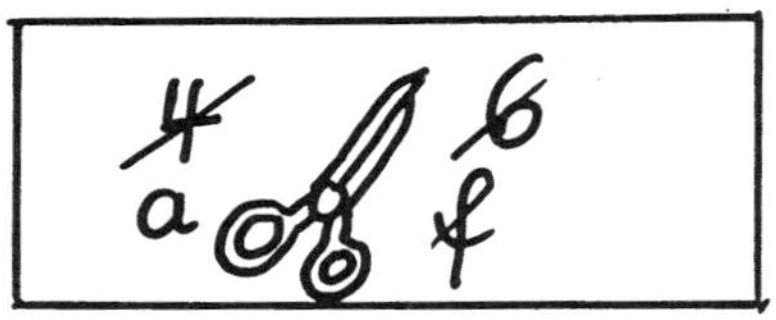

8.

9.

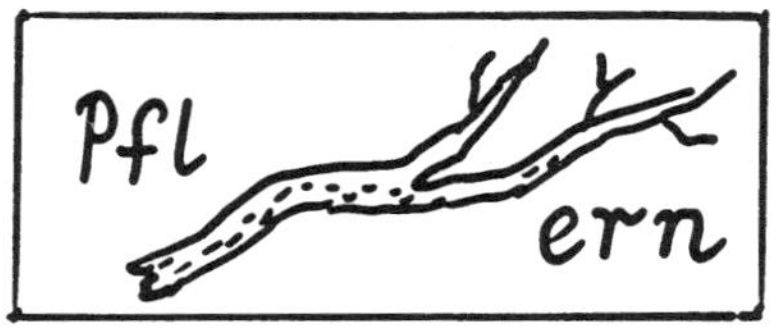

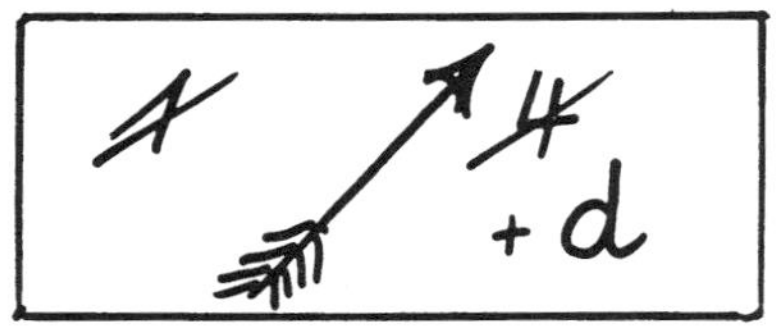

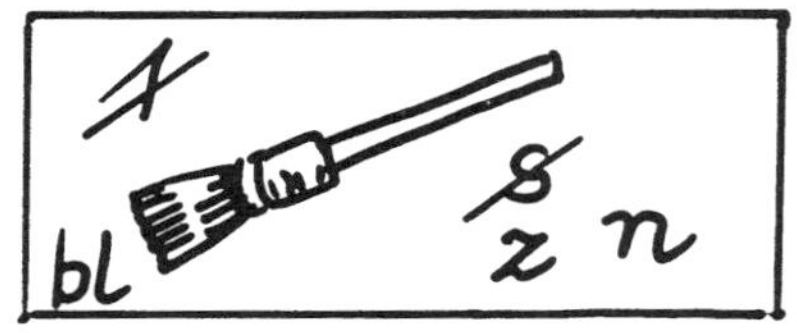

Für die Ratekönige noch zwei besonders schwere Wörter:

10.

11.

Und zum Schluss noch ein bekanntes Sprichwort:

12.

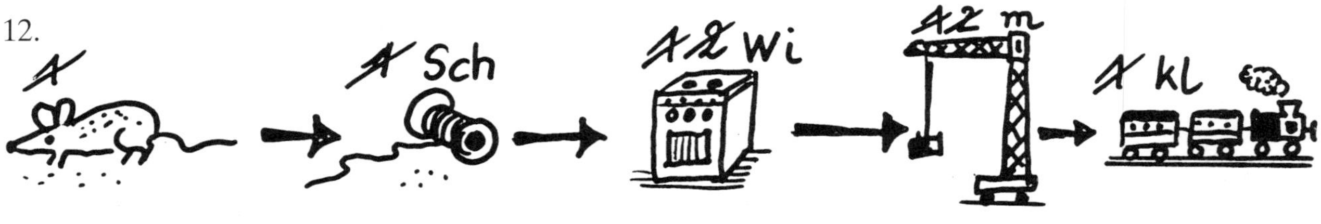

Rechtschreiben

Ein furchtbares Kauderwelsch

An den unmöglichsten Stellen sind die Wörter dieser Geschichte getrennt worden. Dadurch ist ein seltsamer Text entstanden. Findest du den richtigen Wortlaut?

De rbes traf teG eizh als

Al lewasc hbä renha Bene Inev orl iebef ürglänz endeg egens Tände undun Serhaus genos sebil detek eine ausnahme. Türk nöpfeausm essing, me ineal tet Asche nuh rund kle inem ünze N begeis Terten ihn. Al sich ihmdr eine Ue gel dstü ckes chenk te, ben ahme rsi chwie eink Leiner gei zhals. Erbe finger tesie, rochda ran, leck Tesie abu ndve rsteck Tesie dannin ei nerd Unkle necke, W oer auchs ei nean de Renschätzea ufbewahrte. Ei nest Ages besch loss er, ei nedie sermünz enin denho F zut ragen. Un Sere doh les aß au F demge Länder vord er-haus tür. Ka umha T tesie den waschbä renge Se hen, derd urch dieh in tert ürmit Se inerb Litz enden mün Zein dies onnet rat, alssie A uch scho n ihren stur Z flug be Gann, zupa ckte undm itde mgeld S tückim schna belau F diek irch T urmspit zeflog.

(nach Sterling North: Rascal der Waschbär)

Dieb eide nfrösche

Zwe ifrö Sche, de rent ümpel dieh eißes Ommerson neaus getr Ockneth atte, gin genau F wand Erschaft. Ge gena bendkamen siei N diek Ammer ei nesb auern hof sund fan dendor teine gro ße schüsse lmilchvor, diez um abrah mena ufg estellt war. Sieh Üpft ensog Leich hi neinu ndl ieße nessi chschm Ecken.
Alss ieih rend Urstg estil L thatten un dwie derin S fre iewoll ten, kon ntens iees ni cht: dieg Latte wandder schüsselw Arnicht zube zwing enun dsier utschte nimmer Wie derin diem ilchz urück. Vie les Tunde nmü Htens iesichn unve R gebl ichab un dihre schenk elwur dena llm äh-lichim Mermatter. Daqua kteder ei nef Rosch: „Al lesstr Ampeln istums onst, das schi cksal istge genuns, ichg eb's auf!“ Erm achtek ei neb ewe gung mehr, glitta ufd enb odendes gef Äßesun dert rank. Se inge fäh rtea Berk ämp ftev Erzweif eltwei terb ist iefin Dien achthi nein. Dafüh lteer deners tenfe Sten butterbro Ckenun terse inenf üßen, erst ieß sichm itl Etzter krafta bund warim fre ien.

(nach Äsop)

Rechtschreiben

Oo, ee, aa – was gibt's denn da?

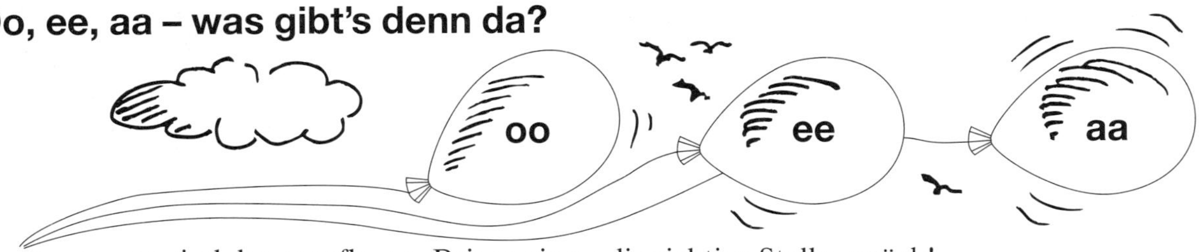

1. oo – aa – ee sind davongeflogen. Bringe sie an die richtige Stelle zurück!
Mr, Bre, lr, Wge, Stt, Pr, Ms, Hr, St, All, Mre, Tr, Sl, Lorbr

2. Ergänze! Schreibe die Wörter auf!

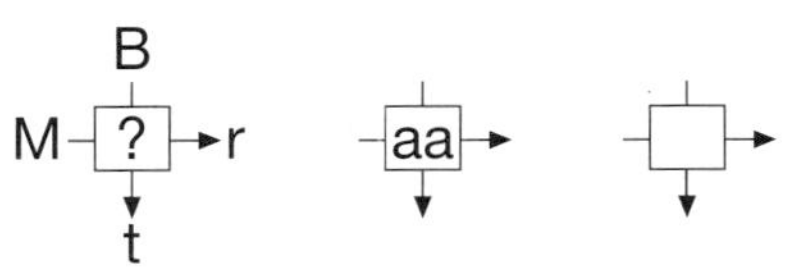

3. Löse folgendes Rätsel!

eingedickter Fruchtsaft –
bewaffnete Streitmacht –
großer Truppenverband –
alte Waffe –
ohne Inhalt –
Getränk –
Kohleprodukt –

– a – a – e – e – e – e – e – e – e – e – e – e – e – e – e – e – e – f – f – g – h – k – l – l – m – p – r – r – r – r – r – s – t

4. Trenne in einzelne zusammengesetzte Wörter!

STRAUCHBEERENTEERFLECKENKLEEBLATTERDBEERENPAARMALSAATGUTZOOBE-SUCHERSEEMANNPULVERSCHNEESITZUNGSSAALBRIEFWAAGEMITTELMEER

5. Verbinde und schreibe die Wörter auf! Achte auf Groß- und Kleinschreibung!

schnee – moos – see – braut – grün – paar – schnee – tüchtig – weiß – weise – räuber – frei – paar – see

6. Kennst du noch mehr?

Saal: Tanzsaal, Sitzungssaal, Gerichtssaal
Waage: Personenwaage

7. VORSICHT:

Paar – Pärchen
Saal – Säle

Bilde je einen Satz!

Rechtschreiben

Knack die Nuss!

1. Da stimmt etwas nicht! Das Grundwort ist vertauscht!

Wollmücke	____________	Kartoffeldecke	____________
Bergbock	____________	Fettblick	____________
Sägeschnecke	____________	Stechsack	____________
Augenfleck	____________	Weinbergrücken	____________

2. Wortsalat! Das Bestimmungswort ist vertauscht!

Putzschlag	____________	Blitzregen	____________
Trotzwasser	____________	Hitzehelm	____________
Platzlappen	____________	Schmutzplatz	____________
Sitzwelle	____________	Schutzkopf	____________

3. Setze ck / tz ein!

Loenkopf, Hikopf, Schliohr, Schregespenst, Schmufink, Trokopf

____

____

4. Löse das Silbenrätsel!

be – be – bu – chen – frau – glücks – he – kat – klee – putz – satz – schatz – steck – spitz – tru – wild – ze – zei

a) Messer, Gabel, Löffel _ _ _ _ _ ☐ _

b) Person, die das Haus säubert _ _ _ _ _ ☐ _ _

c) es hat vier Blätter ☐ _ _ _ _ _ _ _ _ _

d) Raubtier _ ☐ _ _ _ _ _ _ _

e) Junge, der Späße macht _ _ ☐ _ _ _ _ _ _

f) . ? ! sind _ _ _ _ _ _ _ _ ☐ _ _

g) Kästchen mit wertvollem Inhalt _ _ _ _ _ _ ☐ _ _ _ _

LÖSUNGSWORT: ____________________

5. Reime!

hacken	drucken	stocken	protzen	sitzen	setzen
p______	sp______	b______	t ______	b______	p______
______	______	______	______	______	______

6. Schreibe unsinnige Sätze mit vielen tz- und ck-Wörtern!
Herr Mack mit dem schwarzen Frack hat Schuhe aus schwarzem Lack.

____

____

7. Kannst du richtig trennen? Begründe!
Glocke, blicken, zwicken, Rücken, schrecklich, Druckpresse, spritzen, witzlos, nutzbar, platzen

Rechtschreiben

Doppelt gemoppelt hält besser

1. Welche Wörter sind versteckt?

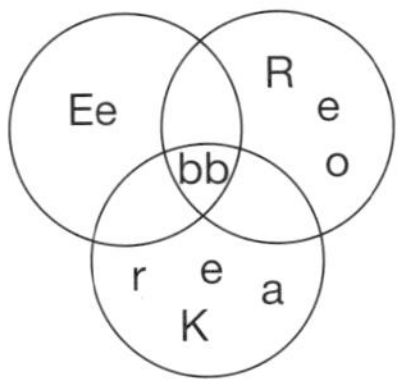

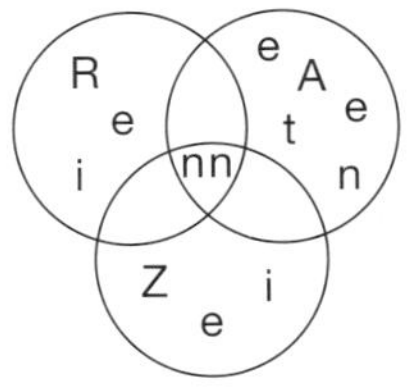

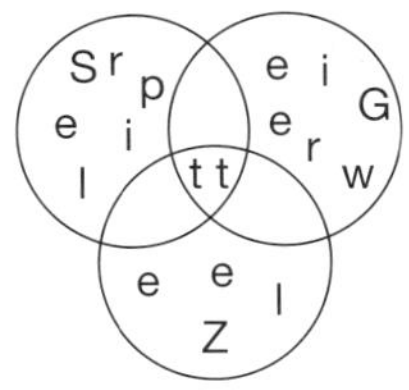

2. 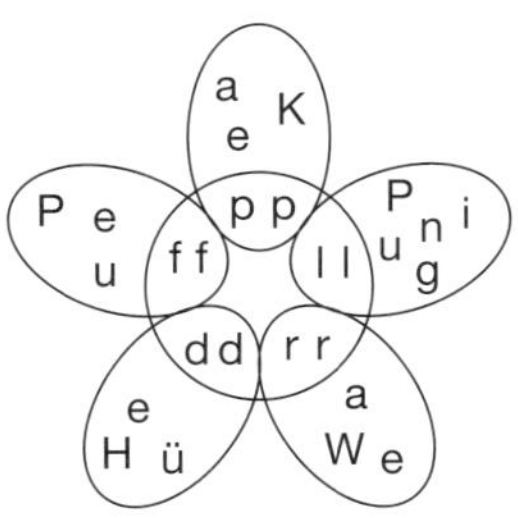

3. 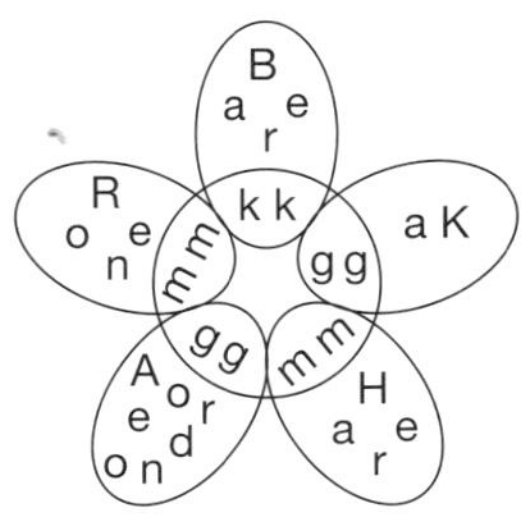

4. Hier sind die Silben der einzelnen Wörter durcheinandergeraten!

trollgangkon	merpresshamluft	verpedoplunglautmit
delkarknöfeltof	genenpfanricht	kofsereifer

5. Reime!

Mappe	Barren	Affe	Schwamm	Tanne	Ball		
K	K	W	K	W	K		

6. Sortiere folgende Zeitwörter nach dem Alphabet und trenne sie!

hoffen, füllen, spotten, sammeln, spannen, kämmen, löffeln

7. Bilde aus obigen Zeitwörtern Namenwörter! Schreibe sie in Sätzen auf deinen Block!

8. Verwende jedes Eigenschaftswort in einem Satz und schreibe diesen auf deinen Block!

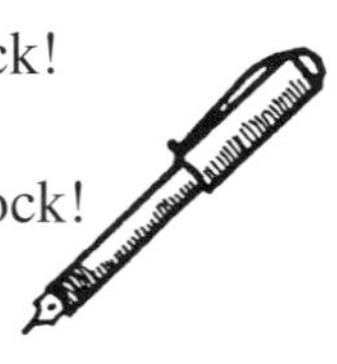

Rechtschreiben

A – B – Zebra-Spaß

1. Ja! Von A bis Z

   Das find ich toll! Und du?

Apfelkuchen	A	______________
Baden	B	______________
Cello	C	______________
Dackel	D	______________
Erdbeeren	E	______________
Federball	F	______________
Gladiole	G	______________
Heidelbeersaft	H	______________
Igel	I	______________
Jacke	J	______________
Kaninchen	K	______________
Lebkuchen	L	______________
Marmelade	M	______________
Nusseis	N	______________
Oma	O	______________
Papa	P	______________
Quarkspeise	Q	______________
Reise	R	______________
Schokolade	S	______________
Tischtennis	T	______________
U-Boot	U	______________
Veilchen	V	______________
Wärme	W	______________
Xylophon	X	______________
Yoga	Y	______________
Zeppelin	Z	______________

2. Nein! Von Z bis A

   Sowas kann ich gar nicht leiden! Und du?

Zahnweh	Z	______________
Ypsilon	Y	______________
X-Beine	X	______________
Wollstrümpfe	W	______________
Verletzung	V	______________
Unwahrheit	U	______________
Tadel	T	______________
Sauermilch	S	______________
Ratschen	R	______________
Qual	Q	______________
Peperoni	P	______________
Ohrfeigen	O	______________
Nähen	N	______________
Mist	M	______________
Lügen	L	______________
Krankheit	K	______________
Jagen	J	______________
Insektenstich	I	______________
Habgier	H	______________
Geiz	G	______________
Feiglinge	F	______________
Eiter	E	______________
Dummheit	D	______________
Curry	C	______________
Beinbruch	B	______________
Aufgaben	A	______________

3. Kennst du ein Pflanzen-, Tiere- oder Berufe-ABC? Sei erfinderisch!

4. Schreibe ABC-Sätze! Sie müssen nicht zusammengehören.

5. Gelingt dir eine unsinnige ABC-Geschichte so wie die folgende?

   Auffallend bahnbrechende Chauffeure drängen eigentümlich frech geradeaus, hetzen irgendwelche Jugendliche kaltblütig linksherum, motzen natürlich oftmals prahlerisch, quälen Radfahrer sonderbar tobend und verfolgen wehrlose Xavers, Yvonnes, Zentas.

Rechtschreiben

GUST – THER – GRO

Dieses Silbenrätsel ist nicht leicht. Die unten angegebenen Silben helfen dir, die Wörter rascher zu finden. Viel Spaß!

1.
2.
3.
4.
5.
6.
7.
8.
9.
10.
11.
12.
13.
14.
15.
16.
17.
18.
19.
20.
21.

1. Möbelstück
2. Schwermetall
3. Dampfbad
4. Monatsname
5. Himmelsrichtung
6. Feingebäck
7. große Raubkatze
8. 12 Stück
9. Pflanzenteil
10. Gerät zur Tonaufnahme
11. österreichische und deutsche Münzen
12. dichtes Unterholz
13. Vergrößerungsglas
14. Schnapsfabrik
15. steht am Bahnhof am Ende eines Gleises
16. Entwicklungsstadium beim Frosch
17. Gegenteil von Krankheit
18. Gegenteil von Schmutz
19. Gegenteil von Abschied
20. es tut weh
21. Teil der Mundhöhle

GUST – THER – GRO – GE – HEN – HAFT – ZAHN – KRO – KU – WES – FLEISCH – WIE – BER – QUAP – NE – MI – ZEND – SAU – SEN – SCHMERZ – KAUL – DER – KRO – SE – DIC – EI – KEIT – TISCH – SCHEN – KICHT – GEL – PAN – CHEN – STÄN – PRELL – BREN – MI – TEN – NA – DUT – BOCK – REI – SKOP – AU – FON – PE – SUND – HEIT – SAU

Rechtschreiben

Kinderfasching

Fritz darf seine Freunde zu einer Faschingsparty am Sonntagnachmittag einladen. Mutter hat frisch gebackene Krapfen, Spritzgebäck und noch viele andere leckere Süßigkeiten besorgt. Sein Zimmer ist mit Girlanden, Luftschlangen, Luftballons und Lampions geschmückt. Da kommen auch schon die ersten Gäste mit den verrücktesten Masken: ein Clown mit purpurroter Nase, spiegelglatter Glatze und riesigen Latschen, eine bucklige Hexe, ein dicker Cowboy mit schwarzem Schnurrbart, ein Indianer mit Kriegsbemalung und eine Prinzessin mit glitzernder Krone. Fritz selbst hat sich als Gespenst verkleidet. Schon bald herrscht eine zünftige Faschingsgaudi.

1. Suche Reimwörter aus dem Text

Witz – ______________	verrückt – ______________	Persianer – ______________
stapfen – ______________	künftig – ______________	Fratze – ______________
Champions – ______________	hatschen – ______________	schick – ______________

2. Löse das Rätsel, sicher findest du das Lösungswort!

a) Fest mit Kostümen
b) Dekoration aus buntem Papier
c) Faschingsschmuck, Papierlampe
d) Gegenteil von weiß
e) schleicht lautlos wie eine Katze

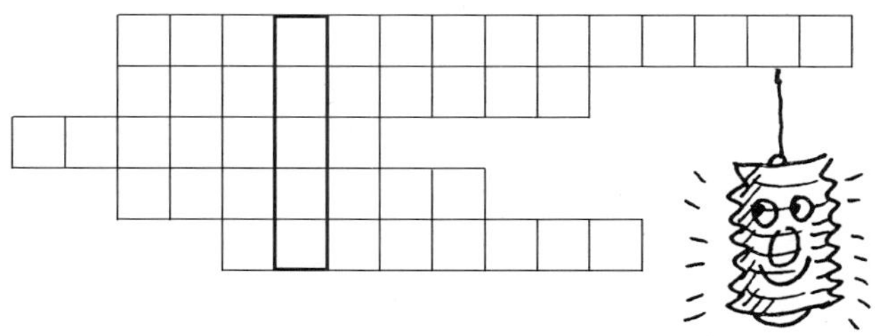

3. Enträtsle!

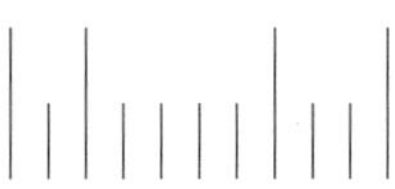 ______________  ______________

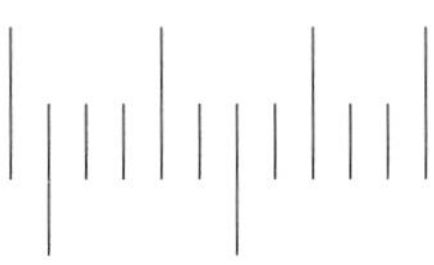 ______________ 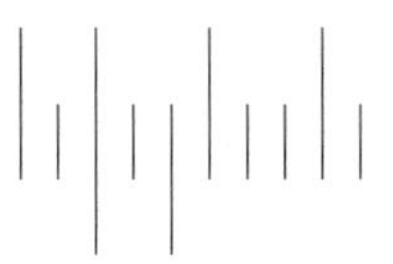 ______________

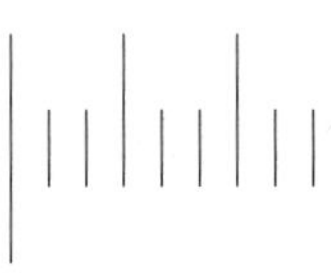 ______________ 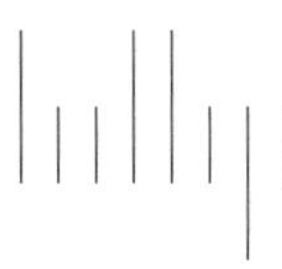 ______________

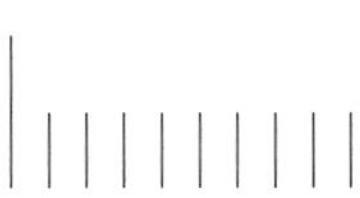 ______________ 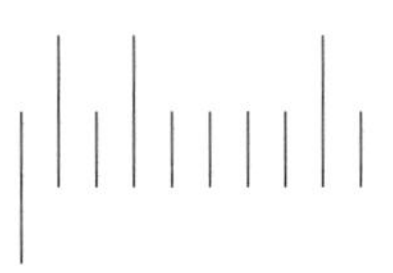 ______________

4. Ergänze!

S______g______ä___, v________r________t_______, _____i____g____g_______

g____________er, _____r_________ma________ng, S______________r______________t

Rechtschreiben

5. Welches Wort ist versteckt?

e e k c l r e ______

L A G T Z E ______

W O L N C ______

R P A E K F N ______

E P N G E S S T ______

l r g i d n t z e ______

6. Löse folgendes Silbenrätsel!

boy – cow – dik – fen – fa – gel – glatt – he – ker – ker – krap – kei – lam – lek – ro – schings – sü – sin – ßig – spie – ten – ten – ty – por – pur –pions – prin – xe – zes.

a) lustiges Kostümfest im Februar ______
b) Faschingsgebäck ______
c) sehr schmackhaft ______
d) Sag, wer mag das Männlein sein, das da steht im Wald allein,
mit dem ______ Mäntelein.
e) Die Eisfläche ist ______
f) Wer reitet auf dem Besenstiel ______
g) Mann aus dem Wilden Westen mit sehr großem Bauch ______
h) Tochter des Königs ______
i) Was schleckt jedes Kind gerne? ______
j) Faschingslaterne ______

7. Erkenne und entscheide, ob Groß- oder Kleinschreibung!

ngontsactnigmhata = ______
lkucbgie = ______ isengier = ______
threcrsh = ______ kanesm = ______
lablnlfuto = ______ tlgta = ______

8. Schreibe nochmals die Wörter auf, die dir Schwierigkeiten bereiten!

______

Sprachbetrachtung

Bist du mit allen Wassern gewaschen?

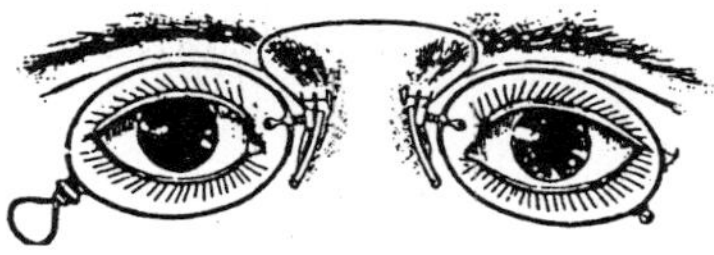

Kennst du diese Redensarten? Ordne den Redensarten jene Sätze zu, die ihre Bedeutung umschreiben! Schreibe die entsprechende Nummer dazu! Setze in die Kreise den richtigen S-Laut!

1.	Er lie ◯ ihn abblitzen		Sie sind plötzlich und unerwartet da
2.	Er hört das Gra ◯ wachsen		Die Hauptsache, das Wichtigste erkennen
3.	Mit allen Wa ◯ ern gewaschen		Sinn- und nutzloser Streit
4.	Hinter die Kuli ◯ en schauen		Er will nichts mit ihm zu tun haben
5.	Jemandem den Marsch bla ◯ en		Er weiß Dinge, die man gar nicht wissen kann
6.	Hans Dampf in allen Ga ◯ en		Er bekommt Angst
7.	Einen Denkzettel verpa ◯ en		Ärgernis erregen
8.	Aus dem Häu ◯ chen sein		Über vieles Bescheid wissen
9.	Sü ◯ holz raspeln		Bestrafen
10.	Stein des Ansto ◯ es sein		Übertrieben schmeicheln
11.	Sie schie ◯ en wie Pilze aus dem Boden		Verrückt und übermütig sein
12.	Dem rutscht das Herz in die Ho ◯ e		Echte Vorgänge und Hintergründe sehen oder erkennen
13.	Streit um des Kai ◯ ers Bart		Gehörig die Meinung sagen
14.	Wi ◯ en, wo der Ha ◯ e im Pfeffer liegt		Übereifriger, betriebsamer Mensch
15.	Burgfrieden miteinander schlie ◯ en		Eine günstige Situation ausnutzen
16.	Es geht um die Wur ◯ t		Schimpfen, sich abreagieren
17.	An die gro ◯ e Glocke hängen		Über seine Verhältnisse leben
18.	Das Ei ◯ en schmieden, solange es hei ◯ ist		Es geht um die Entscheidung
19.	Dampf abla ◯ en		Eine Sache herumerzählen
20.	Auf gro ◯ em Fu ◯ leben		Sich auf ein friedliches Zusammenleben einigen

ss
ß
s
ss
ß
s
ß
ss
s
ss
s
s
ss
ß
s
ß
ß
ss
ß
s
ß
s

Sprachbetrachtung

Eine saubere Familie

Wer findet alle Wörter der gleichen Wortfamilie?

Zeitwort	Eigenschaftswort	Namenwort
denken		
	brenzlig	
		Plan
finden		
		Ruhe
hausen		
		Blut
	verzweifelt	
	verständlich	
frösteln		
freuen		
	hilfsbereit	
glauben		
	liebevoll	
schwingen		
		Glanz
	schmackhaft	
		Furcht
lösen		
		Sorge

Sprachbetrachtung

Morgenstund' hat Gold im Mund

In jedem Kästchen ist ein Sprichwort versteckt. Unterstreiche dazu die passenden Wörter!

1 wird gutes dem ohne wohl
Wenn alle er Eis
Abend rennen zu trinkt
aufs macht es Esel auf geht

2 schlägt es heiß wird
so Es wird wo wie doch gekocht
gern Kette
purzelt niemand nicht der gegessen

3 kann Man sie auf ihnen schützt wie
soll Abend Tisch
heulen die Spalte feiern Feste fallen
jetzt

4 draußen nicht Arbeit
hübsch Der fällt berühmt reißt
kommen Gedicht Blatt
Birne Apfel dritte weit Stamm vom

5 Klasse Was blau lange währt endlich
purzelt dunkel Kissen beinahe wird
einfach wirft schwierig gut

6 stinkt ist
wenige dick Frisch halb manchmal
versucht Trost eisern gelähmt
gewagt hängen Schutz selbst gewonnen

7 gelb wächst
Witz plötzlich Dächer sogar
Kinder Wasser Narren sagen Wahrheit
fällt und entsteht die entlang etliche dicht

8 hart Ein kämpft
Woher Nebel pflückt Kind gebranntes
das wächst erstarrt scheut Feuer

9 sauer fand gutes hart Gewissen
passt Ein schlägt rechts
allerlei lässt ist ein Ruhekissen
sanftes Mehl Wurzel

10 früher ähnlich öffnet giftig stark
morsch gefährlich gehobelt da warnt auch
Wo merkwürdig wird fallen Wald Späne

Sprachbetrachtung

Kratzlappen und Sauerbier – ja gibt's denn das?

1. Ordne die Wörter zu neuen Namenwörtern zusammen!

dick	die Bürste	der Dickschädel
naschen	der Finger	
frech	der Lappen	
kratzen	der Schnabel	
groß	die Katze	
grün	der Dachs	
waschen	der Sack	
lang	der Schädel	
fein	der Pelz	
fressen	der Schmecker	
faul	das Maul	

2. Schreibe auf deinen Block!

   Die Naschkatze ist ein Mensch, der gerne schleckt.

3. Ordne die seltsamen Leute nach ihrer Zusammensetzung!

Eigenschaftswort + Namenwort	Zeitwort + Namenwort

4. Ordne jedem Namenwort ein Zeitwort zu!

   rühren, malen, zünden, kochen, spielen, rasieren, schreiben
   Holz, Buch, Schüssel, Dose, Pinsel, Block, Buch

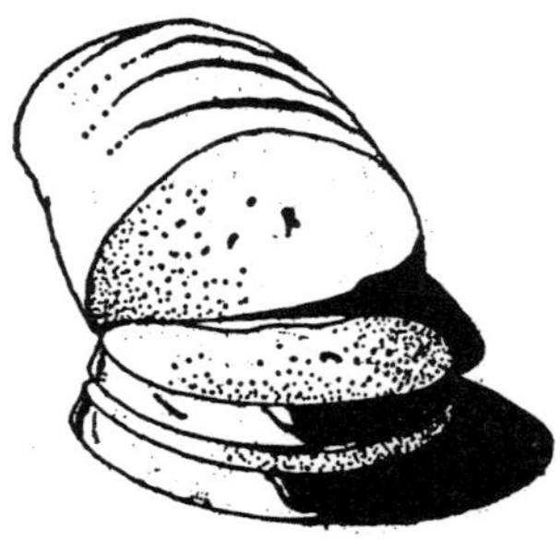

5. Ordne jedem Eigenschaftswort ein Namenwort zu!

   Beere, Bier, Braten, Brot, Käse, Kohl, Wein, Speise
   weiß, süß, rot, blau, sauer, weich, schwarz, weiß

6. Suche je fünf zusammengesetzte Namenwörter!

   Bestimmungswort: lesen

   ___

   Bestimmungswort: rot

   ___

7. Wer findet die meisten zusammengesetzten Namenwörter!
   Zeit: 2 Minuten

   Im Kaufhaus erhalte ich ___

Sprachbetrachtung

Lieber Pferdefuß als Hasenfuß

Katzenjammer, Elefantenhaut, Krokodilstränen, Adlerauge, Eselsohr, Hasenfuß, Löwenmähne, Bärenhunger, Schneckentempo, Pferdefuß

1. Schreibe die zusammengesetzten Namenwörter mit dem jeweiligen Geschlechtswort auf deinen Block! Erkläre die ursprüngliche und die übertragene Bedeutung dazu!

   die Löwenmähne: Kopfhaare des Löwen
   wallende Haare beim Menschen

2. Suche je fünf zusammengesetzte Namenwörter!

   Grundwort: Baum

   ____

   ____

   Bestimmungswort: Kuchen

   ____

   ____

3. Erkläre den Unterschied!

   Rosenbusch: ____________________
   Buschrosen: ____________________

4. Ergänze!

   Ein Tier, das im Haus lebt – ____________________
   Ein Haus, das auf einem Baum ist – ____________________
   ____________________ – die Teetasse
   ____________________ – die Weinflasche
   ____________________ – ____________________
   ____________________ – ____________________

5a) Erkennst du die gesuchten Wörter?

b) Erfinde selbst!

6. Wer findet die meisten zusammengesetzten Namenwörter!
   Zeit: 2 Minuten

   Zum Geburtstag wünsche ich mir z. B.

   ____

   ____

Sprachbetrachtung

Zitronenblau – kirschgrün – himmelrot?

1. Male nach Anweisung den Clown aus!

- feuerrote Nase
- pechschwarze Haare
- moosgrüne Kappe
- kaffeebraune Schuhe
- zitronengelbe Hose
- himmelblaue Jacke

2. Eigenschaftswörter kann man auch malen!

	+	rot	→	______________
	+	scharf	→	______________
	+	blank	→	______________
	+	grün	→	______________

3. Erfinde selbst!

	+		→	______________
	+		→	______________

4. Lies das Gedicht und sprich darüber!

steinweich
käsehart
sauschön
bildblöd
käseweich
sauhart
bildschön
steinblöd

sauweich
bildhart
steinschön
käseblöd
bildweich
steinhart
käseschön
saublöd

(Hermann Jandl)

– Setze richtig zusammen!
– Erkenne die Gesetzmäßigkeit, nach der das Gedicht aufgebaut ist!

5. Das kannst du auch! Verwende folgende Wörter:

himmelgrün, grasblau, goldschwarz, pechgelb

Sprachbetrachtung

6. Ordne!

● sonnen	-	klar	----►	____________
● schnee	-	gebräunt	----►	____________
● dunkel	-	reich	----►	____________
● rosen	-	gerade	----►	____________
● raben	-	still	----►	____________
● stein	-	braun	----►	____________
● glas	-	schwarz	----►	____________
● kern	-	weiß	----►	____________
● kerzen	-	rot	----►	____________
● wind	-	gesund	----►	____________

7. Ergänze und achte dabei auf die Rechtschreibung!
Wortmaterial:

Kugel, Riese, Stein, Feder, Tau, Eis, Blitz, weiß, grau, nass, hoch, weich, grün, rot

● kirsch ____________	● ____________ frisch
● butter ____________	● ____________ groß
● maus ____________	● ____________ rund
● blüten ____________	● ____________ leicht
● tannen ____________	● ____________ hart
● pudel ____________	● ____________ kalt
● turm ____________	● ____________ schnell

8. Erfinde!

____

____

____

9. Ergänze nachfolgenden Text!

Der alte Baum

____________ war er gewachsen. Sein Nadelkleid war dicht und voll und wenn der Wind oft ____________ durch den Wald fuhr, dann rauschte er durch das Geäst der ____________ Tanne und klapperte mit den dürren Zweigen. Die kleinen Vögel saßen auf den breiten Fächern von Nadeln und sangen ihre ____________ Lieder. Die Eichhörnchen jagten ____________ auf und nieder und spielten Verstecken in dem dichten Geäst. Doch eines Tages kamen die Holzfäller mit ____________ Sägen und viele Bäume mussten sterben. Die drei Kreuze am Stamm der ____________ Tanne waren ihr Todesurteil.

Wortmaterial: wunderschön, steinalt, messerscharf, riesengroß, blitzblank, kerzengerade, pfeilschnell

Sprachbetrachtung

Ein Feld, auf dem nicht geerntet wird

„ Toll, wir fahren morgen auf die Burg Feuerstein!“ sprechen ____________ Sabine und Eva. Vater spricht ____________: „Um 8.30 Uhr fährt der Zug.“ Vater spricht ________________ noch aufregende Geschichten vom Burggeist. „Jetzt schnell ins Bett!“ spricht ________ Vater. Sabine spricht ____________: „Lass uns noch ein bisschen aufbleiben!“
„Das kommt gar nicht in Frage!“ spricht ______________ Vater. Er dreht das Licht aus und verlässt das Zimmer. Eva spricht ______________: „Ich höre Schritte.“ „Der Geist! “
Ich habe furchtbare Angst!“ spricht ______________ Sabine. „Hilfe, Hilfe!“ „Der Geist!“ sprechen ____________ beide. Gott sei Dank ist es nur Mutter, die nachschaut, ob die Kinder schon schlafen.

1. Die Geschichte könnte spannender sein. Suche treffende Zeitwörter aus dem Wortfeld „sprechen“ und setze sie in die Lücken ein! Verwende die Zeitwörter der nächsten Übung!

2. Ordne die Zeitwörter des Wortfeldes „sprechen“ richtig in die Tabelle ein! Achte auf die Bedeutungsunterschiede!

quasseln, flüstern, jammern, schreien, mitteilen, brüllen, schimpfen, berichten, erklären, erwidern, erzählen, fluchen, tuscheln, trösten, drohen, rufen, klagen, fragen, loben, kreischen, jubeln, murmeln, antworten, zustimmen, stöhnen, betteln

laut (4)	normal (9)	leise (4)	traurig (3)	froh (2)	böse (3)

Sprachbetrachtung

Suche aus dem Wortfeld „sprechen“ die passenden Zeitwörter zu den Bildern!

_______________ die Mutter.

_______________ der Nachrichtensprecher.

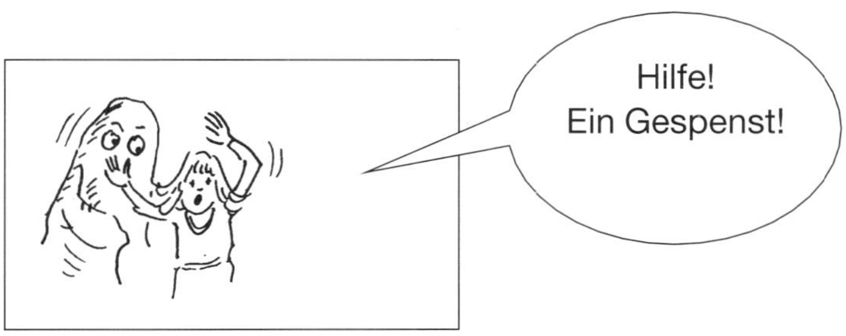

_______________ Sabine.

_______________ der Trainer.

_______________ die Fans.

_______________ der Lehrer.

Sprachgebrauch

Was hab' ich davon, wenn ich Postkarten und Briefe schreibe?

Nichts hab' ich davon, so möchtest du zunächst knurren. Schreiben ist doch heutzutage nicht mehr die heiße Nummer, oder?
Stimmt aber nicht! Briefeschreiben, noch mehr Postkartenschicken ist heute, gerade bei Jugendlichen, in zunehmendem Maße gefragt. Denn der Wunsch, sich dem anderen mitzuteilen, ist nach wie vor geblieben.
Natürlich hast du es satt, verkalkte Postkarten oder schwülstige Briefchen mit altmodischem Blabla vollzukritzeln. Du kannst es nicht mehr ausstehen, langweilige Pflichtgeburtstagsweihnachts-osterundsonstwasfürkarten loszuschicken wie zu Opas Zeiten. Wenn du schon schreibst, dann soll es kurz, gagig, raffiniert, genial, einfallsreich, humorvoll, witzig-spritzig sein, denn du willst bei der Person gut landen, der du schreibst.
Wer ein bisschen nachgrübelt, für den gibt es Hunderte von irren Möglichkeiten, die das Schreiben von Postkarten und Briefchen zu einer kessen Show werden lassen. Und damit dein Hirn auf Touren kommt, sind hier genau elf Tipps und Anregungen zusammengetragen, die du entweder abkupfern kannst oder die dich zu eigenen Höchstleistungs-Gags anspornen können.
Also, auf geht's – ab die Post!

1. Klebe richtiges Hansaplast auf deine Karte, etwa so:

Wenn es der Empfänger abzieht, liest er zu seiner Überraschung:

2.

Um diese Karte anzufertigen, benötigst du nur einen Zirkel, eine einigermaßen sichere Hand, und schon kannst du dir das Geburtstagsständchen produzieren. Vorsicht, dass du keinen Drehwurm davon bekommst!

3.

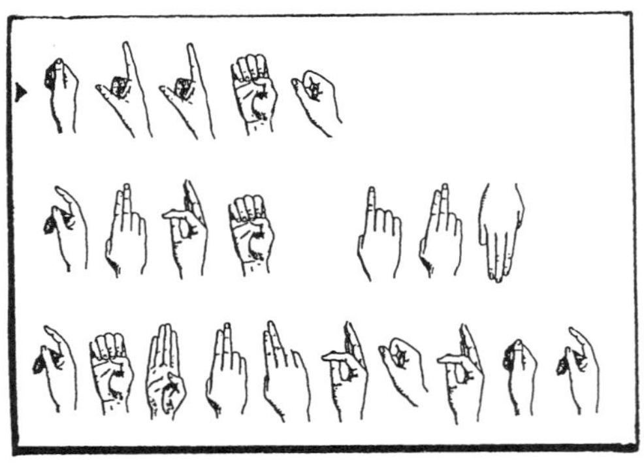

Taubstumme unterhalten sich mit interessanten Handzeichen, die du auch häufig aufgezeichnet findest. Schneidest du die entsprechenden Buchstaben in Handzeichenform aus und klebst sie auf eine Postkarte, kannst du beispielsweise oben stehende Nachricht übermitteln. Die Tabelle nebenan hilft dir bei der Entzifferung.

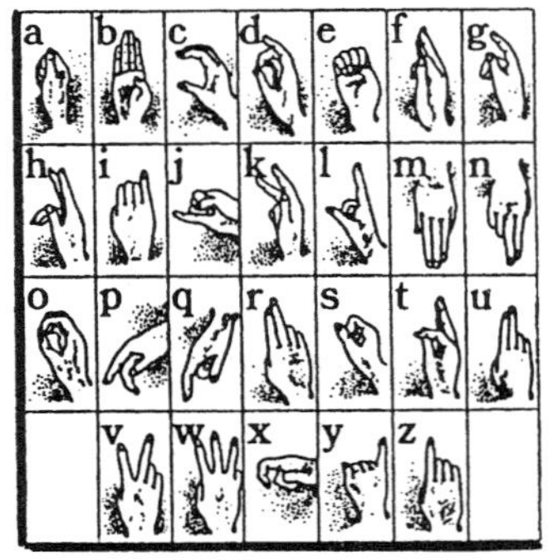

Lösung: Alles Gute zum Geburtstag

Sprachgebrauch

4.

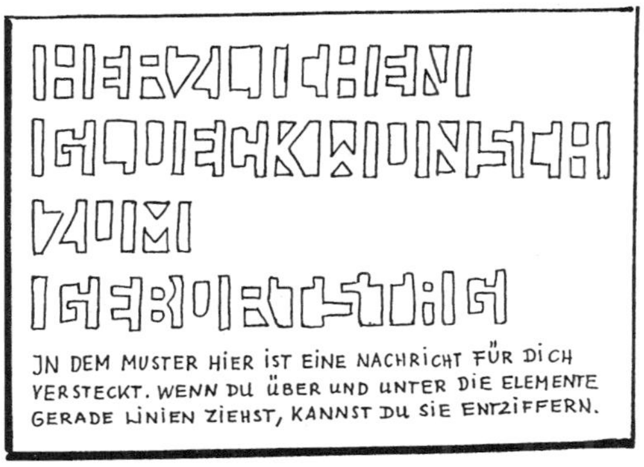

Lösung siehe rechts unten!

7.

Geheimnachrichten ermöglichen es dem Empfänger, sich längere Zeit mit dem Kartengruß zu beschäftigen.

Lösung: Herzlichen Glückwunsch zum Geburtstag – Alles Gute und viel Glück

5.

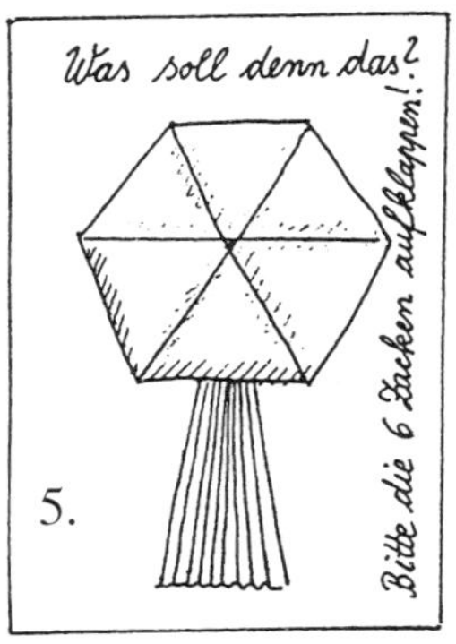

Die drei sternförmigen Linien in dem Sechseck werden mit einer Schneidefeder nachgeritzt, so dass sich die sechs Zacken (siehe unten) aufklappen lassen. Die Karte wird nun mit einem Papier unterklebt, das ebenso groß ist wie die Karte.

Dabei musst du Acht geben, dass die sechs Sternzacken nicht mit angeklebt werden, denn sie sollen sich ja vom Empfänger aufklappen lassen.
Schreibe nun mit einem Stift auf das untergeklebte Papier „Frohe Weihnacht" und klappe danach die sechs Sternzacken wieder zu.

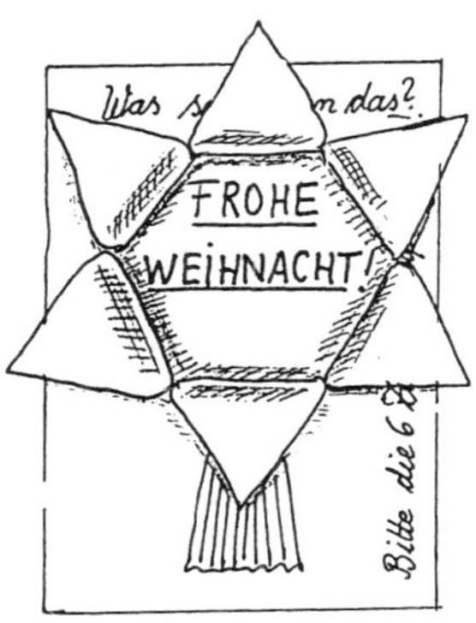

8.

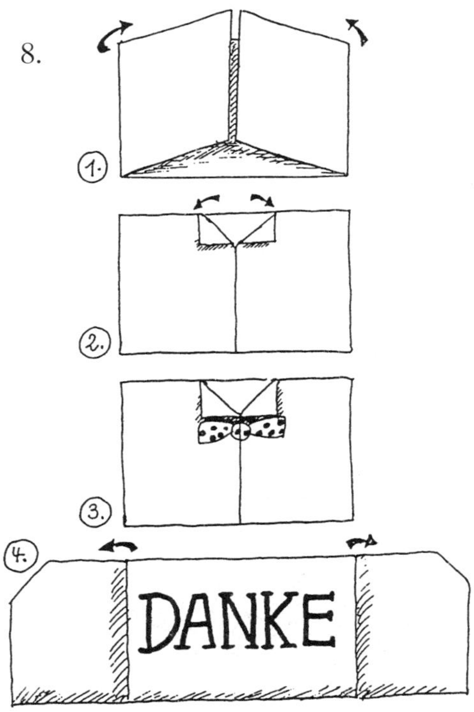

1. Längliche Karte von rechts und links falten.
2. Die beiden oberen Ecken einknicken.
3. „Fliege" darunter malen
4. Karte aufklappen und im Innenteil mit Großbuchstaben „DANKE" schreiben.

6.

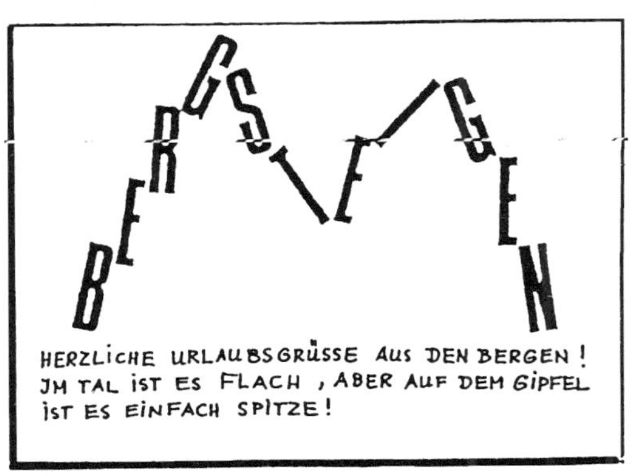

Einfach sind Buchstabenspielereien mit Hilfe von Großbuchstaben aus Zeitschriften herzustellen.

zu 4.

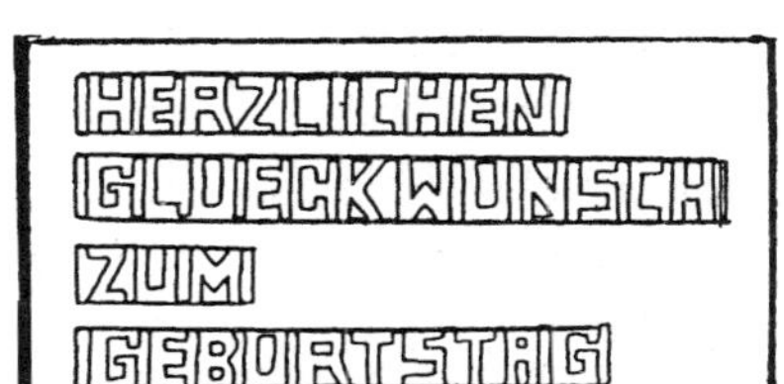

Sprachgebrauch

9. Das Morsealphabet

a	·—	r	·—·	Punkt	·—·—·—
ä	·—·—	s	···	Komma	——··——
b	—···	t	—	Fragezeichen	··——··
c	—·—·	u	··—		
ch	————	ü	··——	Warten	·—···
d	—··	v	···—	Irrung	········
e	·	w	·——	Verstanden	···—·
f	··—·	x	—··—		
g	——·	y	—·——		
h	····	z	——··		
i	··				
j	·———	0	—————		
k	—·—	1	·————		
l	·—··	2	··———		
m	——	3	···——		
n	—·	4	····—		
o	———	5	·····		
ö	———·	6	—····		
p	·——·	7	——···		
q	——·—	8	———··		
		9	————·		

Mit dem Morsealphabet lässt sich eine Nachricht gut verschlüsseln. Lass aber dem Empfänger auch den Morseschlüssel (siehe oben) zukommen, zum Beispiel auf einer zweiten Postkarte, sonst ist er beim Lesen sehr leicht völlig ratlos. Oder weißt du auf Anhieb, was das heißen soll?

·—·· ·— ··· ···   —·· ·· ————   ——·— ·—··

·—— ·· · —·· · ·—·   ··· · ···· · —·

Lösung: Lass dich mal wieder sehen!

10.

Im Kreis herum zu schreiben ist gar nicht so schwer und Bildbuchstaben lassen sich schnell zeichnen.

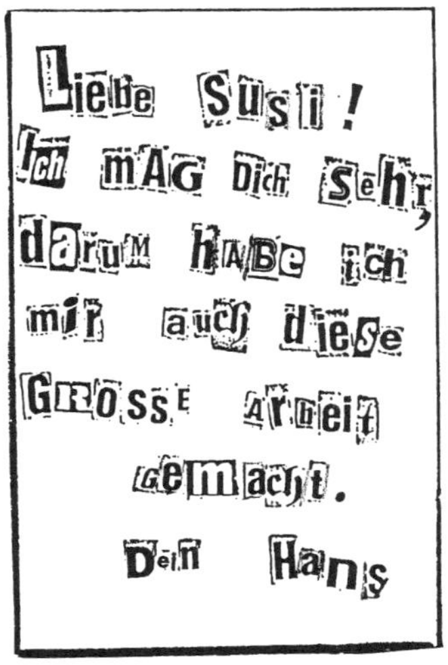

Wenn du aus der Tageszeitung verschiedene Buchstaben ausschneidest, kannst du ganz schnell nebenstehende Karte herstellen.

11.

1. Hast du genau gelesen? Dann kannst du folgende Fragen leicht beantworten? Welche Vorschläge passen als Liebesbriefchen? Welche zu Weihnachten? Welche nur so zum Spaß? Welche zum Geburtstag? Welche als Urlaubsgrüße? Welche als Einladung? Welche zum Dankesagen?

2. Schreibe in Morseschrift: „Kommt bitte zur Fete am 23. 3.“! Sieh dir dazu das Morsealphabet bei Nr. 9 an.

3. Suche dir eine Karte zum Basteln aus, z. B. Nr. 5, 8 oder 11! Versuche sie möglichst schnell herzustellen!

4. Überlege dir eine witzige Karte zum Osterfest! Skizziere sie auf den Block!

5. Beispiel 7 zeigt dir eine Karte in Geheimschrift. Erfinde selbst eine kurze Nachricht in deiner Geheimschrift! Vergiss aber nicht, den Schlüssel für die Nachricht mit anzugeben. Lass die Nachricht von deinem Nachbarn entschlüsseln!

Sprachgebrauch

Das ist ja sagenhaft!

Das Louerbürschl im Lochhamer Wald

Eine Sage

1876 bestand das Dorf Lochham nur aus etwa einem Dutzend bäuerlicher Anwesen. In der Nähe befand sich ein großer Wald, in dem auffallend viele prächtige Eichen zu finden waren. Unter den Bauern ging das Gerede, dass diese Eichen von einem seltsamen jungen Mann, dem Louerbürschl (= lodernder Bursche), geschützt würden. Kein Mensch dürfe sich an einer vergreifen. Wer es dennoch wage, dem ergehe es schlecht.
Ein Bauer ließ sich von diesen Reden nicht beeindrucken. Im Gegenteil, er machte sich darüber lustig. Da er gerade Eichenholz benötigte, fuhr er eines Tages in den Lochhamer Wald und fällte eine Eiche. Er ließ sie von seinem Pferdegespann nach Hause schleppen.
In derselben Nacht tobte ein fürchterlicher Sturm. Der Bauer konnte nicht einschlafen. Plötzlich erschien am Fenster seiner Schlafkammer ein loderndes feuriges Gesicht und grinste den Bauern an. Mutig lief der Landwirt ins Freie, um den ungebetenen Besucher zu stellen. Draußen sah er mit Entsetzen, dass aus seiner Scheune und aus dem Stall dicke Rauchschwaden drangen. Es brannte. Obwohl die anderen Bauern beim Löschen mithalfen, ging der ganze Hof in Flammen auf.
Der Sturm trug die Funken auch auf etliche andere Häuser, so dass auch diese bald lichterloh brannten. Das halbe Dorf wurde auf diese Weise in einer einzigen Nacht in Schutt und Asche gelegt.
Zwar wurde Wochen später im Nachbardorf Gräfelfing ein Brandstifter – rothaarig soll er gewesen sein – bei dem Versuch, eine Scheune anzuzünden, festgenommen. Bei seiner Vernehmung aber leugnete er, das Großfeuer in Lochham gelegt zu haben.
Die Lochhamer Bauern lebten seither in großer Furcht vor dem Louerbürschl und viele Jahre wagte es keiner mehr, sich an einer Eiche im Lochhamer Wald zu vergreifen. Auf diese Weise blieb der Wald bis weit in unsere Zeit unzerstört erhalten.
Erst die Straßenplaner der siebziger Jahre ließen sich vom Louerbürschl nicht mehr aufhalten. Sie legten quer durch den Wald die neue Bundesstraße B 12, auf der nun Tag und Nacht Autos lärmen. Die Eichen, die zu diesem Zweck gefällt werden mussten, haben außer dem Louerbürschl auch manchem einheimischen Umweltschützer fast das Herz gebrochen.
„Da soll doch das Louerbürschl dreinfunken“, wird sich so mancher Lochhamer Bürger gedacht haben.

Im Jahre 1876 wurde der Ort Lochham von einer Brandkatastrophe heimgesucht, die das halbe Dorf vernichtet hat. Wie es dazu kam, wurde nie ganz geklärt. Eine gute Voraussetzung also für die Entstehung der Sage um das Louerbürschl. Zusammen mit Gräfelfing zählt Lochham heute etwa 13 000 Einwohner und ist eine beliebte Gartenstadt im Westen Münchens. Immerhin stehen einige der schönen Eichen noch heute im Lochhamer Wald, und man kann sich daran freuen.

Nach mündlicher Überlieferung aufgeschrieben von Alfons Schweiggert

Sprachgebrauch

Die Sage, die du eben gelesen hast, geht auf das Jahr 1876 zurück. Aber auch noch heute entstehen ständig moderne Sagen. Denn eine Sage ist nichts anderes als eine „Erzählung von einem sonderbaren Ereignis, das geglaubt und für wahr gehalten wird".
Hier ein Beispiel aus unserer Zeit:

Der Zahnschock

Ein Kind, das mit acht Monaten noch keinen einzigen Zahn hatte, begann eines Abends ununterbrochen zu schreien. Der Vater wollte es beruhigen, doch plötzlich starb das Kind. Ein herbeigerufener Arzt fand keinen Grund für das plötzliche Ableben. Am Ende der Untersuchung schaute er noch in den Mund und da sah er, dass das Kind alle zwanzig Milchzähne hatte. Da erfuhr der Vater, dass das Kind am Zahnschock gestorben sei.

Diese Sage wurde 1984 erzählt. Nach Aussage der Ärzte handelt es sich dabei aber nur um ein Schauermärchen.

Jetzt versuche doch einmal selbst, eine Sage zu erfinden. Sie muss irgendwie glaubwürdig klingen, aber einen jeden, der sie hört, verblüffen. Vielleicht so etwas Ähnliches wie:

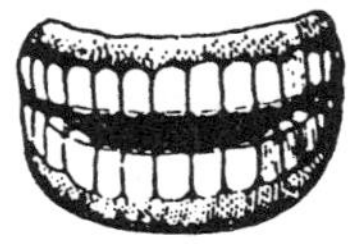

Der Mistwagen

Auf einem Feldweg stand ein offener Sportwagen geparkt. Ein Bauer mit einem Mistkarren ärgerte sich über die Sperre, kippte in blinder Wut seine Mistladung in das offene Auto und fuhr nach Hause. Später entdeckte die Polizei das Fahrzeug und fand den Lenker des Autos unter dem Mist begraben. Er hatte, auf dem Sitz liegend, geschlafen und war unter der Ladung erstickt.

Na, ist das nun wahr oder nicht?
Doch jetzt schreib selbst eine sagenhafte Geschichte, zum Beispiel von der Riesenspinne im Obstkuchen oder von dem Rattenzahn in der Pizza oder vom kopflosen Radfahrer im Park oder …

Sprachgebrauch

Zeitung ist klasse!

Bist du ein aufmerksamer Zeitungsleser, dann lies dir die acht Artikel auf dieser Seite einmal ganz genau durch.

Der wahre Grund

In der Oberklasse einer Hauptschule fragte der Lehrer die Schüler: „Wer von euch liest lieber die Zeitung? Und wer sieht lieber fern?"
Alle Schüler, bis auf eine Schülerin, meldeten sich zum Fernsehen.
Der Lehrer war überrascht und rief sie auf. Da erklärte das Mädchen: „Ich lese lieber die Zeitung. Da sehe ich alles genauer."

Richtigstellung

Wir berichteten in unserer letzten Ausgabe vom Dienstag, dass sich am Montag in Rottmannszell eine junge Verkäuferin aus Liebeskummer mit Schlaftabletten vergiftet habe.
Diese Darstellung entspricht nicht in allen Teilen den Tatsachen. Wir berichtigen hiermit:
Der Selbstmord ereignete sich nicht in Rottmannszell, sondern in Burgenhausen. Betroffen war nicht eine junge Verkäuferin, sondern ein pensionierter Oberlehrer, der nicht, wie berichtet, aus Liebeskummer, sondern aus Rache von einem ehemaligen Schüler, der im Leben gescheitert war, nicht mit Schlaftabletten vergiftet, sondern mit einem Revolver erschossen wurde. Die Tat geschah auch nicht am Montag, sondern bereits am Freitag letzter Woche. Wir bitten die verehrten Leser, uns diese kleinen Ungenauigkeiten nachzusehen. Vielen Dank.

Boshaft

Einem jungen Reporter, der seinen Redakteur fragte, wie ihm sein erster Artikel denn gefalle, gab der Alte lächelnd zur Antwort: „Nun, mein Lieber, Ihr Artikel hat zweifellos Hand und Fuß, nur eines fehlt ihm noch – Köpfchen."

Verkehrte Werbung

In einer Zeitung wurde eine Werbung für Kopfschmerztabletten veröffentlicht: links das Bild eines von Kopfweh geplagten Mannes, in der Mitte derselbe Mensch bei der Einnahme von Pillen, rechts sein Gesicht schmerzfrei und gut gelaunt.
Die Werbung schlug hervorragend ein. Sie wurde auch ins Ausland verkauft, sogar bis nach Arabien. Dabei vergaßen jedoch die Fachleute, dass man im Arabischen alles von rechts nach links liest, auch Bildgeschichten. Die Araber sahen sich interessiert die Werbung an. Rechts im Bild war der Mensch noch gut gelaunt, nun nahm er die Tablette ein und schon – hatte er wahnsinnige Kopfschmerzen. Die Werbung hatte „großartigen" Erfolg. Keiner wagte es, die Kopfschmerztablette zu kaufen, die so unsägliche Pein verursachte.

Die große Klage

Der Rundfunk macht aus einer zuhörenden Familie Weghörer.
Die Zeitung macht aus der Gesprächsrunde der Familie einen Lesezirkel.
Das Fernsehen macht aus dem Kreis der Familie einen Halbkreis.

Die raffinierte Methode

Frauenzeitschriften bestehen hauptsächlich aus drei Teilen: Im ersten Drittel des Heftes wird die neueste Mode gezeigt, im zweiten Drittel sind die leckersten Rezepte zu sehen und im letzten Drittel die wirkungsvollsten Abmagerungstipps, damit man die neueste Mode des ersten Drittels im Heft tragen kann, aus der man durch Speisefolgen nach den Rezepten des zweiten Drittels wieder herauswächst, worauf man sich dem letzten Drittel zuwendet, um danach die neueste Mode des nächsten Heftes wieder tragen zu können und so weiter und so fort.

Ein teurer Spaß

Eine Tageszeitung kostet im Durchschnitt zwischen 1,20 DM und 1,60 DM am Wochentag und am Wochenende meist zwischen 1,50 DM und 2,20 DM. Das sind im Jahr zwischen 460,– DM und 620,– DM und in zehn Jahren ungefähr 4600,– DM bis 6200,– DM. Kauft jemand ab dem 20. Lebensjahr täglich seine Zeitung und hält er das etwa bis zum 70. Lebensjahr durch, hat er dafür zwischen 23 000,– DM und 31 000,– DM ausgegeben, also so viel wie ein Klein- bis Mittelklassewagen kostet. Ob das die lebenslange tägliche Lektüre einer Tageszeitung wert ist?

Waldsterben

Ein Baum muss sein Leben lassen, damit etwa 3 000 Zeitungen entstehen können. Weichhölzer wie Kiefer, Tanne und Fichte werden zu Papierbrei, der so genannten Pulpe, für die Papierherstellung verarbeitet.
In der Bundesrepublik erscheinen rund 370 verschiedene Tageszeitungen mit einer Auflage von über 29 Millionen Exemplaren pro Tag. Dafür benötigen unsere Zeitungshersteller rund 0,4 Millionen Tonnen Zeitungspapier pro Jahr von den insgesamt 18 Millionen Tonnen, die auf der Welt jährlich verbraucht werden. Alle Welt spricht davon, dass die Wälder der Erde schwer geschädigt sind und wenn es mit der Umwelt- und Luftverschmutzung so weitergeht, diese sicher bald sterben werden. Bedeutet das, dass auch die Zeitungen zugrunde gehen?
Oder wird man bis dahin Zeitungen auf einer künstlichen Unterlage drucken können und von den Bäumen unabhängig sein?

Alle Texte von Alfons Schweiggert

Sprachgebrauch

Wenn du genau gelesen hast, kannst du folgende Fragen leicht beantworten:

1. Schreibe zu den folgenden Hinweisen die passenden Schlagzeilen aus deinem Zeitungsblatt auf:
   - Die Zeitung macht aus der Gesprächsrunde der Familie einen Lesezirkel: ____________

     ____
   - Ein pensionierter Oberlehrer kommt in dem Artikel ____________________ vor.
   - Rund 18 Millionen Tonnen Zeitungspapier werden pro Jahr auf der Welt verbraucht: ____

     ____
   - Beim Zeitungslesen sieht man alles genauer als beim Fernsehen: ____________
   - Im 1. Drittel Mode, im 2. Drittel Rezepte, im letzten Drittel Abmagerungstipps: ________

     ____
   - Hand und Fuß hat der Artikel, aber es fehlt…: ____________________
   - Im Arabischen liest man alles von rechts nach links: ____________________
   - Statt eines Kleinwagens lebenslängliche tägliche Zeitungslektüre: ____________

     ____

2. Wie viele Fehler hat der Journalist in seinem Artikel „Aus Liebeskummer vergiftet“ gemacht? Lies den entsprechenden Artikel genau durch und schreibe daneben die Fehlerzahl!

3. Zeichne auf deinen Block die Werbung, die im Artikel „Verkehrte Werbung“ beschrieben ist!

4. Du bist jetzt Journalist. Schreibe über folgendes Ereignis einen kurzen Artikel für die Zeitung! Vergiss die Schlagzeile nicht!

   Hund beißt Herrn in Nase; Herr beißt zurück; Hundenase blutet; Tierschutzverein zeigt Herrn an; Herr zeigt Hund an.

Sprachgebrauch

DidididididididiCHTE mal

auf dem land

rinininininininDer
brüllüllüllüllüllüllüllüllEN

schweineineineineineineineinE
grunununununununZEN

hunununununununDE
bellellellellellellellEN

katatatatatatatZEN
miauiauiauiauiauiauiauEN

katatatatatatatER
schnurrurrurrurrurrurrurrEN

gänänänänänänänSE
schnattattattattattattattERN

ziegiegiegiegiegiegiegEN
meckeckeckeckeckeckeckeckERN

bienienienienienienienEN
summummummummummummum-
mummEN

grillillillillillillillEN
ziririririririrPEN

fröschöschöschöschöschöschöschE
quakakakakakakakEN

hummummummummummummum-
mummELN
brummummummummummummum-
mummEN

vögögögögögögögEL
zwitschitschitschitschitschitschit-
schERN

Aus: Laut und Luise RUB 9823 (2), Reclam jun. Stuttgart 1976

Ernst Jandl

Sprachgebrauch

1. Kreuze an, was dir beim Hören und Lesen dieses Gedichtes in den Sinn gekommen ist:

- ☐ Das ist ein Blödsinn.
- ☐ Das Gedicht ist langweilig.
- ☐ Dieses Gedicht ist von einem Stotterer oder für einen Stotterer.
- ☐ Das klingt ziemlich lustig.
- ☐ Wenn eine Schallplatte hängen bleibt, klingt das ähnlich.
- ☐ Man hört die Tiere richtig brüllen.
- ☐ Das ist aber schwer zu lesen.
- ☐ Die Wörter sind entsetzlich lang gezogen.
- ☐ Dieses Gedicht wirkt erst, wenn man es laut liest.

2. Ergänze folgende Sätze:

Alle Tiernamen sind klein geschrieben, aber die letzten Buchstaben in einer jeden Zeile sind ____________ ____________________.
Im ersten Vers stehen jeweils die Namen der Tiere, im zweiten ihre ____________________.
Es sind sieben Tiere genannt, die auf dem Bauernhof leben. Die anderen Tiere leben auf den ____________, ____________________ und im ____________.

3. Du kannst sicher einen ähnlichen Text schreiben. Vielleicht regt dich eine der folgenden Überschriften dazu an:

- Auf dem Pausenhof
- Auf dem Spielplatz
- Im Urlaub
- Im Wald
- Im Popkonzert
- Im Fußballstadion
- In der Stadt
- Auf dem Bahnhof
- Im Fernseher
- Im Tierpark
- In der Küche
- Im Jugendheim

Hier noch ein paar Beispiele, wie du anfangen kannst:

im popkonzert

tromomomomomomomommELN
dröhnöhnöhnöhnöhnöhnöhnEN
gitarrarrarrarrarrarrarrEN
kreireireireireireireiSCHEN
. . .

in der stadt

busususususususSE
rumpumpumpumpumpumpumpELN
auauauauauauauauTOS
rollollollollollollollEN
. . .

Sprachgebrauch

Das ist ja fabelhaft!

In einer Fabel reden und handeln Tiere wie Menschen.
Die Fabel will uns Lesern eine Lebensweisheit nahe bringen oder menschliche Schwächen aufzeigen.
In der folgenden Fabel reden aber einmal nicht Tiere, sondern ein …

Beißender Hunger und voller Bauch

Ein Hunger traf einen vollen Bauch. Der riet ihm, er solle knurren. Wenn er knurrte, würden sicher viele auf ihn aufmerksam und vielleicht bekäme er dann auch etwas zu beißen.
Der Hunger tat, wie ihm geraten und knurrte. Er knurrte jeden an, dem er und der ihm begegnete. Aber der Erste tat so, als ob er ihn nicht hören würde. Der Zweite forderte ihn entrüstet auf, er solle sich beherrschen. Ein Dritter knurrte einfach zurück und ein Vierter (es war übrigens ein Hund) bellte ihn sogar wütend an. Da gab der Hunger das Knurren auf.
Schon bald traf er wieder den vollen Bauch. Der schlug dem Hunger vor, er solle es einmal mit Nagen versuchen. Wenn er nagen würde, wäre das sicher vielen so lästig, dass sie ihm gerne etwas zu beißen gäben.
Der Hunger tat, wie ihm geheißen und nagte. Er nagte an allem, was er fand. Er nagte an Fingernägeln und an verfaulten Kartoffeln, mehr fand er nicht.
Als er einmal an einem Baum nagen wollte, erklärten ihm die Biber, sie hätten das alleinige Nagerecht an Bäumen. So musste er unverrichteter Dinge wieder abziehen. Bald gab der Hunger auch das Nagen auf und begann nachzudenken.
Er dachte lange nach und wurde dabei immer größer. Als er sich kaum noch selbst aushielt, traf er wieder den vollen Bauch. Der überlegte kurz und meinte: Wenn ihm das Knurren und das Nagen nicht geholfen hätten, so solle er sich mit seinem Schicksal einfach abfinden und das tun, was ihm von Natur aus bestimmt sei, nämlich hungern.
Der Hunger aber war anderer Ansicht. Er sei, so meinte er, als knurrender und nagender Hunger zwar gescheitert, hätte es aber mit dem Beißen noch nicht versucht und bevor der volle Bauch ihm etwas erwidern konnte, biss der Hunger kräftig in ihn hinein. Und weil der volle Bauch ihm ausgezeichnet schmeckte, verspeiste ihn der Hunger ratziputz und war satt.
Seither versucht es der Hunger nicht mehr mit Knurren und Nagen, sondern beißt sofort zu, wenn ihm ein voller Bauch begegnet.

Alfons Schweiggert

1. Die beiden, die in dieser „Fabel“ die Hauptrolle spielen, sind nicht gleich stark. Du weißt, wer zum Beginn der Geschichte die Oberhand hat und wer am Ende. Notiere es auf deinen Block!
2. Auch diese „Fabel“ will uns eine Lebensweisheit vermitteln. Kannst du dir denken, was sie dem Leser sagen will? Schreibe es auf! Denke an die armen Länder unserer Welt!
3. Folgende drei Paare sollen dich dazu anregen, auch eine Fabel zu schreiben, in der nicht Tiere die Hauptrolle spielen.

- Krieg und Frieden
- Lachen und Weinen
- Bungalow und Baracke

Suche dir ein Paar heraus und erzähle dazu eine Fabel!

Sprachgebrauch

Alle Mühe und Fleiß waren umsonst

Dreh den Spieß einmal um

Du bist jetzt der Lehrer und darfst die Sätze verbessern. In Aufsätzen sind häufig drei Arten von Fehlern zu finden: Zeitfehler (Z) – die Zeit wird gewechselt; Wiederholungsfehler (W) – gleiche Wörter werden zu häufig hintereinander gebraucht und Ausdrucksfehler (A) – nichtssagende oder falsche Ausdrücke werden verwendet.
Suche in jedem Satz den Fehler, kreuze ihn an und schreibe in das Kästchen die entsprechende Abkürzung. Die verbesserte Form schreibe auf die freie Zeile!

1. Wir gingen in den Wald, um Erdbeeren zu suchen. Als wir im Wald waren, fanden wir zuerst nicht viel. ☐ ______________________
2. Kinderlähmung ist eine ansteckende Krankheit, die schwere Lähmungserscheinungen verursachte. ☐ ______________________
3. Ich gab meinem Freund, dem sein Heft voll war, ein Blatt Papier. ☐ ______________________
4. Meine kleine Schwester spielte am liebsten mit seiner Puppe. ☐ ______________________
5. Als ich heute früh aufgestanden bin, sah ich zum Fenster hinaus, da sind die Bäume ganz weiß gewesen. ☐ ______________________
6. Ich war allein zu Hause, weil mein Vater und meine Mutter fortgegangen war. ☐ ______________________
7. Die Fasern der Flachspflanze werden zu Garn verarbeitet, das zu Leinen verarbeitet wird. ☐ ______________________
8. Als wir in der Schule Turnstunde gehabt haben, geschah ein Unglück. ☐ ______________________
9. Die Burg ist mit einem tiefen Graben und hohen Mauer umgeben. ☐ ______________________
10. Mein Freund stürzte, als der Ball in seine Nähe flog, sich sofort darauf. ☐ ______________________
11. Mein Vater fuhr am vorigen Montag in die Stadt, ich habe mitfahren dürfen. ☐ ______________________
12. Im Garten steht ein Apfelbaum, unter dem eine Bank steht. ☐ ______________________
13. Die Briefmarke ist durch ihre Seltenheit wertvoll. ☐ ______________________
14. Ich schob mein Fahrrad nach Hause, um aufgepumpt zu werden. ☐ ______________________
15. Schönes Wetter erwarteten wir und traf auch ein. ☐ ______________________
16. Das Spiel ging zu Ende, ohne ein Tor geschossen zu haben. ☐ ______________________
17. Wir hätten das Wetter uns gar nicht schöner denken können. ☐ ______________________
18. Der Lehrer geriet in Zorn und schreit. ☐ ______________________
19. Die Mutter befand sich in der Küche. ☐ ______________________
20. Für meine Mutter, der ihr Geburtstag morgen ist, habe ich eine schöne Handarbeit gemacht. ☐ ______________________

Lösungen

Spaß mit Buchstaben, Wörtern, Satzzeichen und Zahlen (S. 6)

1. rollen | f a l l e n

2. G IRAFFE Tisch

3. iiiiiii o | n n n u

4. ! ?????? | „ “ ,

5. 88888 3 | 8 ∞

Der zündende Fackelzug (S. 8)

1. 1455
2. In Mainz
3. Goldschmied und Stempel-(Holz-)schneider
4. Sie wurden von Hand mit Feder und Tinte auf Papier oder Pergament geschrieben.
5. Bei einem Fackelzug von Kindern, bei dem eine jede Fackel einen Buchstaben von A bis Z darstellte.
6. Lobe den Herrn!
   Heil dem Kurfürsten!
7. Viele Jahre oder Jahrzehnte
8. Die Jünger Gutenbergs
9. Es gab noch kein Patentamt, das seinen Einfall geschützt hätte.

Schätzungen:

10. Das kleinste Buch der Welt, „Der Korsar“, ist nur einen halben Quadratmillimeter groß und 12 Seiten stark. Es enthält vier Gedichte und wurde von einem russischen Ingenieur hergestellt. Die Schrift ist so klein, dass man darin nur mit Hilfe einer starken Lupe oder unter dem Mikroskop lesen kann.
11. Das größte Buch der Welt ist 2,74 m breit und 3,07 m hoch und wiegt mehr als drei kräftige Männer zusammen, nämlich 252 kg. Mehrere Männer müssten helfen, das Buch zu tragen.
12. Das dickste Buch ist ein chinesisches Wörterbuch. Es konnte gar nicht in einem Band gebunden werden. Deshalb umfasst es 5020 Bände. Jeder Band hat 170 Seiten.

Heiße Bücher für Lesefreaks (S. 11)

(21.) Tschitti-tschitti-bäng-bäng (Jan Fleming)

(18.) Karlsson vom Dach (Astrid Lindgren)

(6.) Peter Pan (James Matthew Barrie)

(2.) Die unendliche Geschichte – Teil II (Michael Ende)

(10.) Superman (Joe Shuster, Jerry Siegel)

(15.) Die Möwe Jonathan (Richard Bach)

(1.) Dr. Doolittle und seine Tiere (Hugh Lofting)

(13.) Tom Sawyers und Huckleberry Finns Abenteuer (Mark Twain)

(17.) Prinz Eisenherz (Harold Foster)

(20.) E. T. Der Außerirdische (William Kotzwinkle)

(5.) Winnetou und Old Shatterhand (Karl May)

(4.) Der letzte Mohikaner (J. F. Cooper)

(19.) Lederstrumpf (J. F. Cooper)

(8.) Tarzan (Edgar Rice Burroughs)

(9.) Der Herr der Ringe (J. R. R. Tolkien)

(12.) Fury (Albert G. Miller)

(16.) Die Abenteuer des starken Wanja (Otfried Preußler)

(11.) Pünktchen und Anton (Erich Kästner)

(2.) Die unendliche Geschichte – Teil I (Michael Ende)

(14.) Sherlock Holmes und Dr. Watson (A. C. Doyle)

(7.) Emil und die Detektive (Erich Kästner)

(3.) Der Seewolf (Jack London)

Ein Buch entsteht (S. 12)

1. Schriftsteller oder Autor, Lektor, Verleger, Illustrator, Hersteller, Schriftsetzer, Korrektor, Drucker, Buchbinder, Werbeleute, Lagerchef, Buchhändler
2. 24,– DM : 12 = 2,– DM
3. 30 000 DM : 2 DM = 15 000 Bücher

4. Es gibt über 2 000 Verlage in Deutschland.
   Sie produzieren mehr als 70 000 Neuerscheinungen jährlich.
5. Es gibt mehr als 3 600 Buchhandlungen.
6. München ist die zweitgrößte Verlagsstadt der Welt. Sie beherbergt rund 330 Buchverlage.
7. Satzkärtchen: 5 – 1 – 12 | 11 – 8 – 2 | 10 – 4 – 9 | 6 – 3 – 7
8. Bildkärtchen 6 – 1 – 7 | 11 – 2 – 9 | 3 – 8 – 12 | 5 – 10 – 4
9. Überschrift z. B.: *Ein Buch entsteht* oder
   Ein Buch wird hergestellt oder
   Die Geschichte vom Buch

Der Schülehrer (S. 16)

1.

Der Schüler	Der Lehrer
... ist unwissend.	... unterrichtet.
... ist noch nicht erzogen.	... erzieht.
... wird geprüft.	... benotet.
... treibt Unfug.	... bestraft.
... schwänzt die Schule.	... lässt nachsitzen.
... schämt sich.	... schreit und schimpft.
... wünscht dem Lehrer die Pest an den Hals.	... spricht ein ernstes Wort mit den Eltern.
... lässt Schulbriefe heimlich verschwinden.	... verschickt blaue Briefe.
... bleibt manchmal sitzen.	... lässt Schüler Klassen wiederholen.
... wird aus der Schule hinausbefördert.	... wird befördert.
... hasst und liebt Lehrer.	... hasst und liebt Schüler.
... faulenzt.	... leistet viel.
... hat wenig Taschengeld.	... hat ein gutes Monatseinkommen.

Wer ist hier der Außenseiter? (S. 17)

1. Heuschrecken, *Nadelbäume*, Augenzeugenberichte, Scheusal, Meuterer — eu
2. Pfefferminz, Heizkörper, Wurzel, *Schmutz*, Schnauze — z
3. Bibliothek, Thema, *Tischtennis*, Panther, Thermometer — th
4. Steinmetz, Pfütze, *Scherz*, Witzblatt, Katzenauge — tz
5. Schöpflöffel, *Treppenhaus*, Steinpflaster, Pfirsich, Eckpfeiler — pf
6. Blumenstrauß, *Trinkwasser*, Lößboden, Fußbank, Hauptstraße — ß
7. Zeichenlehrer, Gebührenordnung, Mahlzeit, Zahlenraum, *Familienname* — h
8. Mengenlehre, Pfingstrose, Hängematte, Eiweißmangel, *Fahrradlenker* — ng
9. Schmuckkasten, Lackfarbe, *Gedanke*, Würfelzucker, Hackfleisch — ck
10. Hühnerstall, Wellenreiter, *Telefonkabel*, Zwillinge, Kellertreppe — ll
11. Lotterie, *Ratespiel*, Wurstplatte, Schlittenfahrt, Wetteifer — tt
12. *Korkenzieher*, Krankheit, Holzplanke, Türklinke, Eisenbahnschranke — nk
13. Käseaufschnitt, Getreideähre, *Filmende*, Sägewerk, Vogelkäfig — ä
14. Maiskolben, *Reibeisen*, Vollwaise, Brotlaib, Hammerhai — ai
15. Himbeere, Speerwurf, *Kehrbesen*, Seefahrt, Leergut — ee
16. Flüssigkeit, Wasserrohre, *Hosenträger*, Kassenschrank, Ohrensessel — ss
17. Reisebüro, Bremsgummi, Ladenpreis, *Körpergröße*, Nebengleis — s
18. Medizinball, Terminkalender, Kamintüre, Umkleidekabine, *Gesichtsmiene* — in
19. Laubhaufen, Traumhaus, *Rhabarber*, Schaumkrone, Heizungsraum — au
20. Bootsverleih, Moospolster, Zooeingang, *Rotwein*, Moorpflanzen — oo
21. knabbern, *Ebene,* Ebbe, kribbeln, Robbe, krabbeln — bb
22. Eidechse, *sechzehn,* Wachs, Büchse, Abwechslung — chs
23. Sehnerv, aktiv, *Sofa,* vielfältig, Pulver, vielleicht — v
24. hoffentlich, wesentlich, ordentlich, *jugendlich* — -ent-
25. Verwandte, gewandt, *Gewand,* Gewandtheit — dt
26. Knirps, Schlips, Gips, *Krebs,* Schnaps — ps
27. Todfeind, tödlich, *totlachen,* todmüde, todkrank — tod
28. *Ende,* entdecken, entgleisen, entkommen — ent-
29. Gaststätte, stattfinden, *städtisch,* anstatt, Werkstatt — att
30. zeitig, *geistlich,* verständig, gütig, geschäftig — -ig

Bilderrätsel am laufenden Band (S. 19)

1. kreisen, acht, Regal
2. schütten, schuften, Schere
3. durstig, dreckig, hallen
4. Schatten, Tante, Wald
5. klammern, tarnen, klappen
6. Ton, Rakete, Schaufel
7. Braten, scharf, Deckel
8. Brei, stolpern, Grippe
9. pflastern, Feld, blitzen
10. Astronaut
11. Dinosaurier
12. Aus Schaden wird man klug

Ein furchtbares Kauderwelsch (S. 21)

Der bestrafte Geizhals

Alle Waschbären haben eine Vorliebe für glänzende Gegenstände und unser Hausgenosse bildete keine Ausnahme. Türknöpfe aus Messing, meine alte Taschenuhr und kleine Münzen begeisterten ihn. Als ich ihm drei neue Geldstücke schenkte, benahm er sich wie ein kleiner Geizhals. Er befingerte sie, roch daran, leckte sie ab und versteckte sie dann in einer dunklen Ecke, wo er auch seine anderen Schätze aufbewahrte. Eines Tages beschloss er, eine dieser Münzen in den Hof zu tragen. Unsere Dohle saß auf dem Geländer vor der Haustür. Kaum hatte sie den Waschbären gesehen, der durch die Hintertür mit seiner blitzenden Münze in die Sonne trat, als sie auch schon ihren Sturzflug begann, zupackte und mit dem Geldstück im Schnabel auf die Kirchturmspitze flog.

(nach Sterling North: Rascal der Waschbär)

Die beiden Frösche

Zwei Frösche, deren Tümpel die heiße Sommersonne ausgetrocknet hatte, gingen auf Wanderschaft. Gegen Abend kamen sie in die Kammer eines Bauernhofs und fanden dort eine große Schüssel Milch vor, die zum Abrahmen aufgestellt war. Sie hüpften sogleich hinein und ließen es sich schmecken.
Als sie ihren Durst gestillt hatten und wieder ins Freie wollten, konnten sie es nicht: Die glatte Wand der Schüssel war nicht zu bezwingen und sie rutschten immer wieder in die Milch zurück.
Viele Stunden mühten sie sich nun vergeblich ab und ihre Schenkel wurden allmählich immer matter. Da quakte der eine Frosch: „Alles Strampeln ist umsonst, das Schicksal ist gegen uns, ich geb's auf!" Er machte keine Bewegung mehr, glitt auf den Boden des Gefäßes und ertrank. Sein Gefährte aber kämpfte verzweifelt weiter bis tief in die Nacht hinein. Da fühlte er den ersten festen Butterbrocken unter seinen Füßen, er stieß sich mit letzter Kraft ab und war im Freien.

(nach Äsop)

Oo, ee, aa – was gibt's denn da? (S. 22)

1. Moor · Beere · leer · Waage · Staat · Paar · Moos · Heer · Saat · Allee · Meere · Teer · Saal · Lorbeer
2. Moor · Boot z. B. Paar · Saal z. B. Seele · Beet
3. Gelee · Armee · Heer · Speer · Leere · Kaffee · Teer
4. Strauchbeeren · Teerflecken · Kleeblatt · Erdbeeren · Paarmal · Saatgut · Zoobesucher · Seemann · Pulverschnee · Sitzungssaal · Briefwaage · Mittelmeer
5. schneefrei · moosgrün · seetüchtig · Brautpaar · schneeweiß · paarweise · Seeräuber
6. . . . Königssaal
   . . . Briefwaage, Dezimalwaage
   z. B. See: Südsee · Moorsee · Nordsee · Ammersee

Knack die Nuss! ck – tz (S. 23)

1. Wolldecke · Bergrücken · Sägebock · Augenblick
   Kartoffelsack · Fettfleck · Stechmücke · Weinbergschnecke
2. Blitzschlag · Schmutzwasser · Putzlappen · Hitzewelle
   Platzregen · Schutzhelm · Sitzplatz · Trotzkopf
3. Lockenkopf · Hitzkopf · Schlitzohr · Schreckgespenst · Schmutzfink · Trotzkopf
4. a) Besteck b) Putzfrau c) Glücksklee d) Wildkatze e) Spitzbube f) Satzzeichen g) Schatztruhe
   Lösungswort: richtig
5. packen · knacken spucken · ducken bocken · Socken trotzen · motzen blitzen · spitzen petzen · verletzen
7. Glo-cke bli-cken zwi-cken Rü-cken schreck-lich Druck-presse sprit-zen witz-los nutz-bar plat-zen

Doppelt gemoppelt hält besser (S. 24)

1. Ebbe · Krabbe · Robbe
   Zinne · Antenne · Rinne
   Zettel · Splitter · Gewitter

2. Pudding · Waffe · Puppe · Karre · Hülle
3. Kamm · Akkordeon · Bagger · Hammer · Roggen
4. Kontrollgang · Presslufthammer · Mitlautverdoppelung · Kartoffelknödel · Pfannengericht · Reisekoffer
5. Kappe · Klappe   Karren · Narren   Waffe · Karaffe   Kamm · Stamm   Wanne · Pfanne   Knall · Stall
   z. B. Sitte · Mitte · Bitte Qualle · Halle · Galle
6. fül-len   hof-fen   käm-men   löf-feln   sam-meln   span-nen   spot-ten
7. Füllung · Hoffnung · Kamm · Löffel · Sammlung · Spannung · Spott

GUST – THER – GRO (S. 26)

1. TISCH
2. EISEN
3. SAUNA
4. AUGUST
5. WESTEN
6. KUCHEN
7. PANTHER
8. DUTZEND
9. STÄNGEL
10. MIKROFON
11. GROSCHEN
12. DICKICHT
13. MIKROSKOP
14. BRENNEREI
15. PRELLBOCK
16. KAULQUAPPE
17. GESUNDHEIT
18. SAUBERKEIT
19. WIEDERSEHEN
20. SCHMERZHAFT
21. ZAHNFLEISCH

Kinderfasching (S. 27)

1. Witz – Fritz	verrückt – geschmückt	Persianer – Indianer
stapfen – Krapfen	künftig – zünftig	Fratze – Glatze
Champions – Lampion	hatschen – Latschen	schick – dick

2.

F A S C H I N G S P A R T Y
G I R L A N D E N
L A M P I O N
S C H W A R Z
I N D I A N E R

CLOWN

3.

Schnurrbart   purpurroter

Spritzgebäck   Süßigkeiten

Girlanden   bucklige

Prinzessin glitzernder

4. Spritzgebäck, verrücktesten, spiegelglatter, glitzernder, Kriegsbemalung, Schnurrbart

5. Welches Wort ist versteckt?

e e k l c r e — leckere

L A G T Z E — Glatze

W O L N C — Clown

R P A E K F N — Krapfen

P E N G E S S T — Gespenst

l r g i d n t z e — glitzernd

6. a) Faschingsparty
   b) Krapfen
   c) lecker
   d) purpurroten
   e) spiegelglatt
   f) Hexe
   g) dicker Cowboy
   h) Prinzessin
   i) Süßigkeiten
   j) Lampion

7. ngontsactnigmhata = Sonntagnachmittag
   lkucbgie = bucklige
   threcrsh = herrscht
   lablnlfuto = Luftballon
   isengier = riesigen
   kanesm = Masken
   tlgta = glatt

Bist du mit allen Wassern gewaschen? (S. 29)

1	Er lie(ß) ihn abblitzen	11	Sie sind plötzlich und unerwartet da
2	Er hört das Gra(s) wachsen	14	Die Hauptsache, das Wichtigste erkennen
3	Mit allen Wa(ss)ern gewaschen	13	Sinn- und nutzloser Streit
4	Hinter die Kuli(ss)en schauen	1	Er will nichts mit ihm zu tun haben
5	Jemandem den Marsch bla(s)en	2	Er weiß Dinge, die man gar nicht wissen kann
6	Hans Dampf in allen Ga(ss)en	12	Er bekommt Angst
7	Einen Denkzettel verpa(ss)en	10	Ärgernis erregen
8	Aus dem Häu(s)chen sein	3	Über vieles Bescheid wissen
9	Sü(ß)holz raspeln	7	Bestrafen
10	Stein des Ansto(ß)es sein	9	Übertrieben schmeicheln
11	Sie schie(ß)en wie Pilze aus dem Boden	8	Verrückt und übermütig sein
12	Dem rutscht das Herz in die Ho(s)e	4	Echte Vorgänge und Hintergründe sehen oder erkennen
13	Streit um des Kai(s)ers Bart	5	Gehörig die Meinung sagen
14	Wi(ss)en, wo der Ha(s)e im Pfeffer liegt	6	Übereifriger, betriebsamer Mensch
15	Burgfrieden miteinander schlie(ß)en	18	Eine günstige Situation ausnutzen
16	Es geht um die Wur(s)t	19	Schimpfen, sich abreagieren
17	An die gro(ß)e Glocke hängen	20	Über seine Verhältnisse leben

ss, ß, s, ss, ß, s, ß, ss, s, ss, s, s, ss, ß, s, ß, ß, ss

18 Das Ei(s)en schmieden, solange es hei(ß)ist	ß	16 Es geht um die Entscheidung
19 Dampf abla(ss)en	s	17 Eine Sache herumerzählen
20 Auf gro(ß)em Fu(ß) leben	ß	15 Sich auf ein friedliches Zusammenleben einigen
	s	

Eine saubere Familie (S. 30)

Zeitwort	Eigenschaftswort	Namenwort
denken	denkbar	Gedanke
brennen	brenzlig	Brand
planen	planvoll	Plan
finden	findig	Fund
ruhen	ruhig	Ruhe
hausen	häuslich	Haus
bluten	blutig	Blut
verzweifeln	verzweifelt	Verzweiflung
verstehen	verständlich	Verständnis
frösteln	frostig	Frost
freuen	freudig	Freude
helfen	hilfsbereit	Hilfe
glauben	gläubig	Glaube
lieben	liebevoll	Liebe
schwingen	schwungvoll	Schwung
glänzen	glanzvoll	Glanz
schmecken	schmackhaft	Geschmack
fürchten	furchtbar	Furcht
lösen	löslich	Lösung
sorgen	sorgenvoll	Sorge

Morgenstund' hat Gold im Mund (S. 31)

1 Wenn es dem Esel zu wohl wird, geht er aufs Eis.
2 Es wird nicht so heiß gegessen, wie gekocht wird.
3 Man soll die Feste feiern, wie sie fallen.
4 Der Apfel fällt nicht weit vom Stamm.
5 Was lange währt, wird endlich gut.
6 Frisch gewagt ist halb gewonnen.
7 Kinder und Narren sagen die Wahrheit.
8 Ein gebranntes Kind scheut das Feuer.
9 Ein gutes Gewissen ist ein sanftes Ruhekissen.
10 Wo gehobelt wird, da fallen Späne.

Kratzlappen und Sauerbier – ja gibt's denn das? (S. 32)

1. der Dickschädel · die Naschkatze · der Frechdachs · die Kratzbürste · das Großmaul · der Grünschnabel · der Waschlappen · der Langfinger · der Feinschmecker · der Fresssack · der Faulpelz

3.

Eigenschaftwort + Namenwort	Zeitwort + Namenwort
der Dickschädel	die Naschkatze
der Frechdachs	die Kratzbürste
das Großmaul	der Waschlappen
der Grünschnabel	der Fresssack
der Langfinger	
der Feinschmecker	

4. Rührschüssel · Malbuch · Zündholz · Kochbuch · Spieldose · Rasierpinsel · Schreibblock
5. Blaubeere · Weißbier · Sauerbraten · Schwarzbrot · Weichkäse · Rotkohl · Weißwein · Süßspeise
6. z. B. das Lesebuch, die Leseratte, das Lesezeichen, der Lesesaal, der Lesewettbewerb
   z. B. der Rotwein, der Rotkohl, das Rotkäppchen, das Rotkehlchen, die Rotfärbung
7. Im Kaufhaus erhalte ich z. B. Puppenwagen, Rindfleisch, Badeanzug, Schreibblock …

Lieber Pferdefuß als Hasenfuß (S. 33)

2. *Grundwort:* Baum, z. B. der Kirschbaum, der Maibaum, der Christbaum, der Kastanienbaum, der Laubbaum
   Bestimmungswort: Kuchen, z. B. der Kuchenteig, das Kuchenrezept, die Kuchenform, das Kuchenstück, die Kuchengabel
3. Rosenbusch: Ein Busch mit Rosen
   Buschrosen: Kleine Rosen
4. Ein Tier, das im Haus lebt – das Haustier
   Ein Haus, das auf einem Baum ist – das Baumhaus
   Eine Tasse, aus der Tee getrunken wird – die Teetasse
   Eine Flasche, die Wein enthält – die Weinflasche

5a) das Federmäppchen · die Baumkrone

Zitronenblau – kirschgrün – himmelrot? (S. 34)

2.

	+	rot	→	feuerrot
	+	scharf	→	messerscharf
	+	blank	→	blitzblank
	+	grün	→	grasgrün

4. – steinhart, käseweich, saublöd, bildschön
   – Das 1. Bestimmungswort der vier zusammengehörigen Eigenschaftswörter wird jeweils zum 4. Bestimmungswort.
6. sonnengebräunt · schneeweiß · dunkelbraun · rosenrot · rabenschwarz · steinreich · glasklar · kerngesund · kerzengerade · windstill
7. kirschrot · butterweich · mausgrau · blütenweiß · tannengrün · pudelnass · turmhoch
   taufrisch · riesengroß · kugelrund · federleicht · steinhart · eiskalt · blitzschnell
9. Der alte Baum
   Kerzengerade war er gewachsen. Sein Nadelkleid war dicht und voll und wenn der Wind oft *messerscharf* durch den Wald fuhr, dann rauschte er durch das Geäst der *riesengroßen* Tanne und klapperte mit den dürren Zweigen. Die kleinen Vögel saßen auf den breiten Fächern von Nadeln und sangen ihre *wunderschönen* Lieder. Die Eichhörnchen jagten *pfeilschnell* auf und nieder und spielten Verstecken in dem dichten Geäst. Doch eines Tages kamen die Holzfäller mit *blitzblanken* Sägen und viele Bäume mussten sterben. Die drei Kreuze am Stamm der *steinalten* Tanne waren ihr Todesurteil.

Ein Feld, auf dem nicht geerntet wird (S. 36)

1. „Toll, wir fahren morgen auf die Burg Feuerstein!" sprechen jubeln Sabine und Eva.
   Vater spricht erklärt: „Um 8.30 Uhr fährt der Zug." Vater spricht erzählt noch aufregende Geschichten vom Burggeist. „Jetzt schnell ins Bett!" spricht ruft Vater.
   Sabine spricht bettelt: „Lass uns noch ein bißchen aufbleiben!" „Das kommt gar nicht in Frage!" spricht erwidert Vater. Er dreht das Licht aus und verlässt das Zimmer. Eva spricht flüstert: „Ich höre Schritte." „Der Geist! Ich habe furchtbare Angst!" spricht jammert Sabine. „Hilfe, Hilfe!" „Der Geist!" sprechen klagen beide. Gott sei Dank ist es nur Mutter, die nachschaut, ob die Kinder schon schlafen.

2.

laut (4)	normal (9)	leise (4)	traurig (3)	froh (2)	böse (3)
schreien	quasseln	flüstern	jammern	loben	schimpfen
brüllen	mitteilen	tuscheln	trösten	jubeln	fauchen
rufen	berichten	murmeln	klagen		drohen
kreischen	erklären	stöhnen			
	erwidern				
	erzählen				
	fragen				
	antworten				
	betteln				

Wortfeld sprechen (S. 37) klagen · berichten · rufen · loben · jubeln · schimpfen

Was hab ich davon, wenn ich Postkarten und Briefe schreibe? (S. 38)

1. Liebesbriefchen: Nr. 11 Weihnachten: Nr. 5
   Zum Spaß: Nr. 10 Geburtstag: Nr. 1, 2, 3, 4, 7
   Urlaubsgrüße: Nr. 6 Einladung: Nr. 9
   Dankesagen: Nr. 8

2. In Morseschrift: „Komm bitte zur Fete am 23. 3.“

–·– ––– –– ––   –··· ·· ––·
––·· ··– ·–·   ··–··–·
·–––
··–––   ···––.   ···––.

Zeitung ist klasse (S. 43)

1. Die große Klage · Richtigstellung · Waldsterben · Der wahre Grund · Die raffinierte Methode · Boshaft · Verkehrte Werbung · Ein teurer Spaß
2. Im Artikel „Richtigstellung“ hat der Journalist 5 Fehler gemacht.
4. Am vergangenen Dienstag biss ein Schäferhund sein Herrchen während eines ausgelassenen Spiels in die Nase, worauf der Mann im Affekt sofort zurückbiss und den Hund so sehr an der Nase verletzte, dass er heftig blutete. Aufgebrachte Nachbarn verständigten den Tierschutzverein, der Anzeige gegen den Tierquäler erstattete. Daraufhin stellte der Mann einen Gegenstrafantrag gegen seinen Hund. Wegen der Verletzung musste er sich in ambulante ärztliche Behandlung begeben.
   Schlagzeile: *Herr beißt Hund*

DidididididididiCHTE mal! (S. 45)

2. ... groß geschrieben
   ... Stimmen
   ... Feldern, Wiesen ... Wald

Das ist ja fabelhaft (S. 47)

1. Zu Beginn der Fabel geht es dem vollen Bauch sehr gut, während sich der Hunger kaum noch selbst aushält. Am Ende der Geschichte wird der volle Bauch vom Hunger vernichtet.
2. Wenn die reichen Länder der Erde nicht den hungernden Völkern helfen, schaufeln sie sich ihr eigenes Grab.

Alle Mühe und Fleiß waren umsonst (S. 49)

1. [A] zu suchen. Zuerst fanden ... 2. [Z] verursacht 3. [A] dessen 4. [A] ihrer 5. [Z] habe ich zum Fenster hinausgesehen, 6. [Z] waren 7. [W] verarbeitet 8. [Z] hatten 9. [A] ... und einer hohen ... 10. [A] stürzte sich 11. [Z] durfte 12. [W] steht eine Bank unter ... 13. [A] wegen 14. [A] um es aufzupumpen 15. [A] und es 16. [A] ohne dass ein Tor ... 17. [A] wir hätten uns 18. [Z] schrie 19. [A] stand, saß, arbeitete 20. [A] deren, angefertigt